동양고전 산책

동양고전 산책

2021년 6월 21일 초판 1쇄 인쇄
2019년 6월 28일 초판 1쇄 발행

지은이 | 임종수
펴낸이 | 김영호
펴낸곳 | 도서출판 동연
등 록 | 제1-1383호(1992년 6월 12일)
주 소 | 서울시 마포구 월드컵로 163-3
전 화 | (02) 335-2630
팩 스 | (02) 335-2640
이메일 | yh4321@gmail.com

ISBN 978-89-6447-666-6 03100

동양고전 산책

임종수 지음

동연

어머니의 손때가 묻은 성경(聖經)을 펼치면 생전에 그어놓으신 밑줄이 보입니다. 붉은색 볼펜으로 그어진 밑줄을 가만히 들여다보면 어머니의 마음자리가 언뜻언뜻 비치기도 합니다. 잔글씨를 보시기 어렵게 되자 물려주신 성경…. 여러 종류의 성경이 책장에 꽂혀 있지만, 삶의 날들이 버겁게 다가오는 순간이면, 저도 모르는 사이, 어머니가 물려주신 성경에 손길이 닿곤 합니다.

어느 날, 성경은 무엇일까, 스스로 물은 적이 있습니다. 그때 성소(聖所)란 낱말이 문득 제 마음속에 떠올랐습니다. 그 뒤로 '성소'는 제 마음에 깃들어 떠나지 않게 되었습니다. 성경이라는 성소에서 그리스도인은 하나님의 음성을 듣고, 위로를 얻고 싶어 합니다. 지친 마음은 안식하고 상한 영혼은 치유되길 갈망합니다. 때로는 말씀이 가라앉은 무언(無言)의 자리에 고요히 머물고 싶기도 합니다. 하지만 성경 안에는 흠결 많은 인간의 눈물과 탄식, 욕망도 가득합니다. 어쩌면 성경은 더 이상 감출 길 없는 인간의 알몸과 상처가 고스란히 드러난 장소일지도 모르겠습니다.

제게는 동양고전도 이와 다르지 않다는 생각이 듭니다. 동양고전 속에도 지난한 세월을 겪어온 사람들의 희노애락, 상처와 치유, 회복의 길이 깊이 새겨져 있기 때문입니다. 그래서일까요.「기독교세계」에 글을 연재하는 동안 저는 동양고전과 성경이 서로를 비추는 거울처럼 다가옴을 경험하곤 했습니다. 동양고전을 읽다보면 성경의 어느 구절이 새로운 모습으로 나타나기도 하고, 성경을 읽다보면 동양고전의 익숙한 글귀가 더욱 가까이 들리기도 했습니다. 그러한 경험을 귀한 책들(오경웅吳經熊 지음/송대선 옮김·해설,『시편사색』; 이정배 지음,『유영모의 귀일신학』)을 읽고 쓴 소회에도 실어보았습니다. 이 작은 책에 부족하나 동양고전을 통해 성경의 참뜻을 살피고, 그리스도인 됨의 뜻을 물으려 한 모색이 담겨 있기를 바랍니다.

한 분 한 분 들지 못하여 송구하나 동양사상과 기독교의 대화를 이끌어 주시는 은사 이정배 선생님(현장顯藏아카데미 원장, 전 감신대 교수)과 이은선 선생님(한국信연구소 소장, 전 세종대 교수), 일상 순례의 길과 통로(通路)의 뜻을 늘 일깨워주시는 김기석 목사님(청파교회) 그리고 미흡한 글에 숨을 불어넣어주신 저자들께 감사를 드립니다. 문심(文心)을 잃지 않도록 이끄신 대안연구공동체 김종락 대표님과

「기독교세계」 박영신 부장님, 자상하게 글을 살펴주신 조혜정 편집 장님과 이영란 작가님, 성긴 글을 늘 따뜻하게 거두어주시는 동연 대표 김영호 장로님과 편집진 여러분께 감사드립니다. 오랜 지음들, 온 지서원, 해천우회, 죽전·의정부 신세계아카데미 문우님들, 하늘·땅·생각, 감신동문·제자들, 식구들에게 언제나 고마움 가득합니다.

2021년 4월 봄날
코로나19가 잦아들어
누리의 일상이 회복되길 기도하며

여기 모인 글들이
조금이라도
어떤 볕뉘가 된다면 좋겠습니다.

둔촌누옥에서
임종수 삼가 드림

일러두기

1. 이 책은 「월간 기독교세계」에 2019년 1월부터 12월까지 "동양고전으로 만나는 기독교"라는 제목으로 연재한 글을 모은 것입니다.

2. 본문의 맥락을 살펴 〈개정개역 성경〉을 인용한 곳 외의 성서 본문은 모두 〈새번역〉을 따랐습니다.

3. 덧붙임 글로 수록한 서평 두 편은 오경웅(吳經熊) 지음/송대선 옮김·해설,『시편사색』(꽃자리, 2019)과 이정배 지음,『유영모의 귀일신학 — 팬데믹 이후 시대를 위한『다석강의』다시 읽기』(밀알북스, 2020)를 읽은 소회를 담아 본 것입니다. 앞글은 웹진 「꽃자리」(2019. 7. 23.)에 게재되었고, 뒷글은 한국信연구소(소장 이은선) 개원식 및 출판기념회(2020. 7. 13.)에서 발표한 것입니다.

1장
영원한 삶

死而不亡者壽
사 이 불 망 자 수

죽어도 잊히지 않는 자가 진정 오래 사는 것이다.

死而不亡者壽

지구상에 지금까지 사람들이 죽지 않고 살아 있다면 천억 명 정도가 될 거라고 한다. 어떤 계산에 근거해 나온 것인지는 모르지만 그만큼의 죽음이 있었다는 말로도 들린다. 사람들이 죽어갈 때 모습은 또 얼마나 달랐을까. 언젠가 지인의 장례식장을 찾은 날, 20대 젊은 상주와 인사하고 손을 잡았다. 그런데 보름 후에 그가 사고로 세상을 떠났다는 비보를 들었다. 그의 손을 잡은 기억이 여전한데 먹먹해진 가슴을 추슬러야 했다. 수술을 받으러 입원한 지인이 일주일 뒤 의료사고로 세상을 떠난 날, 장례식장으로 향했던 무겁던 발걸음도 몸은 기억하고 있다.

이따금 뜬금없이 로마의 검투사들을 떠올리곤 한다. 다음 날이면 콜로세움으로 향해 갈 로마의 검투사들. 지독하게 훈련으로 단련된 전문 검투사들은 죽음의 공포를 어떻게 마주했을까. 사형선고를 받은 죄수는 검투사가 아니라 맹수들과 싸워야 했다. 그들은 다음 날이면 자신의 몸이 갈가리 찢겨 짐승의 먹이가 될 운명에 놓인다는 것을 알고 있었다. 검투사들이 보내야 했을 밤은 어땠을까. 실제로 경기 전날 자살하는 자가 해마다 늘어났다고 한다. 제롬 카르코피노는『고대 로마의 일상생활』에서 검투사들의 경기 전날 모습을 이렇게 그려 놓았다. "제대로 먹지 못했다. 내일이면 다가올 마지막 운명에 대한 예감과 참기 어려운 공포감에 시달리느라 이미 목구멍이고 위고 다 마비되어 아무것도 먹을 수 없었다. 그들은 먹는지 마는지 흐느끼

1장 · 영원한 삶

고 오열한다. 지나다니는 사람들에게 가족을 당부하고 유언을 남긴
다." 운이 좋아 살아남더라도 다시 경기장에 들어가야 하는 공포가
지속되었다. 제정기 로마는 182일이 휴일이었다고 하니, 검투사들
은 언제나 죽음 앞에 노출되어 있었던 셈이다.

시간이 흐를수록 가까운 이들이 떠나고, 자신에게 고통스런 병이
찾아오면 죽음이 멀리 있지 않음을 '의식'한다. 죽음을 의식한다고
적으니 사르트르의 소설 〈벽壁〉에서 사형선고를 받은 '나'의 독백이
떠오른다. "죽는다는 것은 자연스러운 일이 아니다. 죽음을 앞에 두
고 보니 어떤 것도 더 이상 자연스럽게 보이지 않았다." 그러나 '나'는
'나'와 아무런 공통점이 없는 줄 안 사람과도 단지 죽는다는 이유만으
로 쌍둥이처럼 닮아 있다는 것을 발견한다. 함께 잡힌 어린 톰이 묻
는다. "파블로… 저… 사람이 완전히 사라져버린다는 게 진짜 사실
일까?"

더운 여름날이었다. 전날 통화했던 아버지가 다음 날 아침 돌아
가셨다. 현관 앞에 이른 나는 싸늘해져버린 시신을 목도한 후, 아버
지가 어떻게 세상을 떠나셨는지 몸의 흔적을 통해 확인할 수밖에 없
었다. 벽제 화장터에서 아버지의 유골이 납골함에 담기는 모습을 보
는 동안, 머릿속엔 여러 물음이 웅웅거리며 떠다녔다. 유골로 변한
아버지는 어디로 가실까? 또 다른 세계로 떠나시는 걸까? 영혼은 과

연 사라지지 않을까? 죽음 이후의 세계는 정말 존재할까? 죽음은 또 다른 여행의 시작일까?

아버지의 죽음을 통해 플라톤의『파이돈』을 다시 읽게 되었다.『파이돈』에는 소크라테스가 죽어가는 장면이 눈앞에 보일 듯 그려진다. 파이돈의 눈에 비친 소크라테스는 놀랍게도 행복해 보인다. 소크라테스는 "두려움도 없이 고매하게" 최후를 맞이한다. 소크라테스는 이렇게 말하고 있지 않은가! "진정으로 철학(지혜에 대한 사랑)으로 세상을 보낸 사람은 내가 보기에는 죽음에 임하여 확신을 갖고 있으며 또한 자기가 죽은 뒤에는 저승에서 최대의 좋은 것들을 얻게 될 것이라는 희망에 차 있을 것"이라고. 소크라테스는 철학하는 사람들은 죽어가는 것과 죽음을 추구하고 있다는 것을 믿었다. 그런데 이렇게 살아온 그들이 죽음이 "막상 자기에게 닥쳐왔을 때는 성을 낸다는 것은 확실히 이상한 짓"이라고까지 비판하고 있다. 이는 그가 영혼불멸을 믿었기 때문이다. 하지만 인간은 죽음에 대한 두려움과 영원한 삶을 향한 목마름을 풀지 못한다. 나는 어디로부터 와서 어디로 가는가. 죽으면 '나'라는 존재는 완전히 소멸되는가. '나'라는 개체도 대자연의 일부라는 것을 깨달아 담담하게 죽음을 받아들일 수 있을까? 한 종교인의 임종에 참석했던 분이 들려준 말이 떠오른다. "평소에 삶과 죽음이 하나라고 말하던 분이 막상 죽음이 닥쳐오니 죽고 싶지 않아 발버둥 치는 모습에 실망했습니다." 장자의 말대로 명命을 알아 편안히 죽음을 맞이할 수 있는 사람은 얼마나 행복한가.

한편 생각해 본다. 피하고 싶지만 피할 수 없는 한계 상황과 인간의 유한성을 자각할 때 삶을 살아가는 태도는 얼마나 달라질까. 죽음 가까이까지 갔던 임사 체험자들은 의식이 깨어난 후, 이전까지 하찮게 여겨온 일과 인간관계의 소중함을 경험하고, 도덕적으로 높은 가치를 실현하는 삶을 살고 싶어졌다고 한다. 또 지나온 삶이 파노라마처럼 펼쳐지면서 밝고 따뜻한 빛이 자신들을 감쌌다고 전한다. 이 순간은 톨스토이의 소설 〈이반 일리치의 죽음〉에서 자신의 죽음을 받아들이지 못해 몸부림치던 이반이 임종 직전 "죽음이 있던 자리에 빛이 있었다"라고 깨달은 어떤 신비 체험과도 비슷한 듯하다. 소설을 분석한 비교문학자 빅터 브롬버트Victor Brombert의 말대로 초자연적인 영역에 눈을 뜨게 하는 힘은 삶의 마지막 순간에 찾아오는 것인지도 모른다(『유한성에 관한 사유들Musings on Mortality』). 어쩌면 죽음은 우리에게 살아온 삶을 온전히 비추는 거울이 되어 삶의 의미와 살아가야 할 이유를 일깨워주는 것은 아닐까?

인간은 언젠가 사라질 줄을 알면서도 때로 불멸을 꿈꾼다. 그러나 인간에게 죽음이 없다면 행복할까? 몽테뉴의 말대로 우리에게 영원한 생명을 준다면 오히려 불행해질 것이다. 사랑도, 꿈도, 그리움도, 약속도 없어질 것이다. 모두 아주 먼 훗날로 미루면 되니까. 윤리나 약속도 의미를 잃을 것이다. 죽음이 있고, 유한한 삶의 제약을 알기에 윤리나 약속도 의미가 있는 게 아닐까. 죽음은 인간을 삶의 덧없음과 무의미라는 허무의 바다로 빠트리지만 유일회적인 삶을 새롭고 낯설게 돌아보는 힘이 되기도 한다.

그렇다면 노자가 말한 죽어도 잊히지 않는 삶이란 어떤 모습일까? 도를 따라 살아가는 사람은 육신은 죽더라도 그가 몸으로 행한 도는 사라지지 않는다. 노자는 사라지지 않는 도에서 영원한 생명을 보았다. 바로 그러한 도를 얻은 사람만이 참된 뜻에서 영원을 사는 사람이 아닐까. 노자는 길(道)을 따라 살아간 사람은 떠나도 그 길은 영원히 지속된다고 말한다. 이는 "꽃이 피었다가 시들어 떨어지더라도 꽃에 있던 생명이 열매로 옮겨져 영원히 지속하는 것과 같다"(김경탁 옮김, 『老子』). 길과 함께 살아가는 사람은 삶과 죽음 어느 한쪽에 집착하지 않을 것이다. 길을 따라 살지 않으면 살아도 죽은 사람이요, 길을 따라 살면 죽어도 살아 있는 사람이기 때문이다.

걸어가야 할 길을 묵상하는 동안 우리의 '길'(ἡ ὁδός) 되신 주님의 삶을 생각한다. '하늘 나그네'로서 그리스도인은 땅에 뿌리내리되 매이지 않으며 내 안에 주님의 머무심을 경험한다(永生). 죽어도 죽지 않는 삶, 주님과 함께하는 삶이 영생임을 받아들인다. 새해를 맞이하는 시간, 우리에게 영원한 생명(道)을 주신 주님께 감사드리며 사도 바울의 간절한 고백을 읽는다.

나는 그리스도와 함께 십자가에 못 박혔습니다. 이제 살고 있는
것은 내가 아닙니다. 그리스도께서 내 안에서 살고 계십니다(갈
2:20).

2장

뿌리가 되는 삶

重_중爲_위經_경根_근

무거운 것은 가벼운 것의 뿌리이다.

重爲輕根

- 『노자』 26장

노자老子를 읽으면 겨울나무가 떠오른다. 아무런 꾸밈과 가장 없이 잎을 다 떨군 나목裸木… 불안과 폭력이 일상화되었던 시대, 노자의 눈길은 깊음, 낮음, 중후함, 고요함, 부드러움, 비움, 약함, 여성, 어머니, 아이, 물에 머물렀다. 그 안에서 노자는 도의 형상을 보았다. 노자의 마음은 사람들이 못 보거나 짐짓 외면한 곳으로 향한다. 노자의 글을 읽는 것은 그의 마음이 머문 곳에 우리의 눈길을 포개는 것과 다르지 않다. 노자는 존재의 뿌리를 깊이 응시한다. 삶과 존재의 실상을 깨달은 자는 겸허하다. 나아갈 때와 물러날 때를 안다. 그래서 조급하지 않다. 자신이 누구인가, 무엇을 해야 하는가를 알기에 무거운 짐을 쉽게 내려놓지 않는다. 화려한 것, 현란한 것의 덧없음을 아니 그에 속박되지 않는다. 함부로 움직이는 것은 모두 물욕에 얽매여 있음을(其有妄動者, 皆物慾累之也. 洪奭周 _『訂老』) 알기 때문이다.

이즈음 겨울나무 앞에 서면 두 손을 모으곤 한다. 겨울나무가 큰 어른처럼 다가옴을 경험한다. 스승을 마주한 듯 그 앞에 두 손이 모아진다. 마른 몸으로 남은 겨울나무. 낙엽의 잔해도 사라진 자리에 겨울나무는 헐벗은 몸으로 서 있다.

사람들이 옷을 껴입는 겨울에
왜 나무들은 옷을 벗을까
_ 김영무, 〈겨울나무〉

저 겨울나무를 버티게 하는 힘은 무엇일까. 오랜 인고忍苦의 시간을 지나온 사람 앞에 선 듯 저절로 옷깃이 여며진다. 겨울나무는 바라볼수록 길을 걷는 자(道人)의 모습을 닮아있다.

어느 날, 오래 묵은 사물에 성스러움이 깃듦을 경험한 순간, 말을 잊은 적이 있지 않은가. 말을 보태려다 군말이 될까 저어한다. 말을 내려놓는다. 말이 가라앉은 자리에 겨울나무의 풍경이 드러난다. 그래서일까. 겨울은 존재의 밑절미를 묻게 한다. 겨울은 보이는 현상보다는 보이지 않는 실재의 세계에 눈을 뜨도록 말을 건넨다. 밖으로 향하던 눈길을 안으로 거두라고 한다. 눈을 어지럽게 한 세상으로부터 마음을 돌려 내면을 성찰하길 권한다.

길을 얻은 "지인에게는 자기가 없고, 신인에게는 공적이 없으며, 성인에게는 명예가 없다"(至人無己, 神人無功, 聖人無名 _『莊子』「逍遙遊」). 겨울나무를 보며, 뿌리를 상상한다. 뿌리는 자기를 자랑하지 않는 참사람처럼 아래로 뻗어 땅속에 묻혀 있다. 낮고 깊게 보이지 않게…. 그러나 늘 숨 쉬고 있는 것. 그것이 없으면 세계는 지탱될 수 없는 것. 길(道)은 그렇게 세상 속에 숨 쉬고 있다. 길을 아는 자, 길을 걷는 자의 언행은 결코 요란하지 않다. 성인은 겉모습은 초라하나 가슴속에 옥 같은 진리를 품고 있다(聖人被褐懷玉,『老子』70장). 그는 자신을 내세우지 않고 세상과 함께 한다(和其光同其塵,『老子』56장).

사람들에게는 누구나 꽃이 되고 싶어 하는 바람이 있다. 꽃은 피었다 진다. 꽃은 스스로 한 생을 받은 만큼 살다 간다. 그 피고 스러짐은 순명의 길이다. 그런데 인간은 꽃의 피어남을 보고, 꽃의 아름다움만을 취하려고 한다. 꽃이 피고 짐의 자연스러움을 본받기보다 꽃의 화려함만을 취하려고 한다. 뿌리는 더더욱 들여다보려고 하지 않는다. 뿌리는 대지 속에 깊고 단단하게 박혀 보이지 않기 때문이다. 그러나 "비유하면 무거운 것은 나무뿌리이고, 가벼운 것은 꽃잎이니, 가벼운 것은 시들어 떨어지고, 무거운 것은 오래 지속되는 법이다"(譬重爲樹根, 輕爲花葉, 輕者凋落, 重者長存. 成玄英, 『老子義疏』).

무거운 것은 가라앉고, 아래로 내려가게 마련이다. 우리는 살아가는 동안 이러한 진실을 쉬이 잊는다. 하지만 그 진실을 품에 안고 길을 걸어가는 사람은 가볍게 처신하지 않는다. 혹 자신이 세속의 명성을 누리는 자리에 있어도 그것의 허망을 알기에 초연하다. 세상이 만들어낸 이러저러한 이름(名)이란 실상의 손님(名者, 實之賓也.『莊子』「逍遙遊」)임을 잘 알기 때문이다. 이를 모르는 자들이 이름 안에 들러붙은 인간의 욕망을 모른 채, 욕망이라는 허상을 실상인 줄 알고 좇는다.

이 시대는 삶의 뿌리를 들여다보기보다 화려함을 보도록 부추긴다. 사람은 자신을 더 나은 모습으로 꾸미고 싶어한다. 언거번거한 말이 속 깊은 눌언訥言을 호도한다. 중요한 것이 유명해지는 것이 아니고 유명해진 것이 중요한 것이 된다. '보이게 일하라'는 자기계발과 성과주의의 부추김이 우리네 삶을 황폐하게 만들어간다. 눈에 보이

23

는 것, 현상적인 것에 길들여진 우리 눈은 보이지 않는 것, 드러나지 않는 것은 마치 없는 듯 여긴다. 종교는 어떠한가. 삶의 버팀목이자 존재의 그루터기 역할을 해야 하는 종교의 현실은 어떠한가.

그리스도인의 삶의 태도와 수행은 어떠해야 하는가. 가파른 시대 일수록 근본을 붙잡아야 한다. 그리스도인은 본연의 자리를 지며리 지켜야 한다. 일상에서 주님의 뜻이 뿌리내리도록 힘써야 한다. 그리 스도인은 밀알이기 때문이다. 주님은 간곡하게 말씀하셨다. "내가 진정으로 진정으로 너희에게 말한다. 밀알 하나가 땅에 떨어져서 죽 지 않으면 한 알 그대로 있고, 죽으면 열매를 많이 맺는다"(요 12:24). 밀알은 다른 곳이 아니라 땅에 떨어져야 한다. 그리고 죽어야 한다. 자기를 부인하고 나를 따르라 하신 말씀은 밀알의 삶을 살라는 말씀 일 것이다.

주님은 자신의 말씀대로 살다 가셨다. 주님의 말씀이 영원한 까 닭이 거기에 있다. 말씀대로 살다 간 주님의 말은 단순한 말이 아니 라 곧 삶이었다. 주님은 땅에 떨어져 죽은 밀알이었다. 죽음 없이는 열매를 맺을 수 없음을 알고 계셨다. 부끄럽게도 종교인 중 자신은 죽지 않으면서 죽은 척하는 이들이 얼마나 많은가. 그들의 입에서 나 오는 말은 사람들을 잠시 홀릴지 모른다. 그러나 그의 삶은 말을 따 라가지 못할 것이다. 삶은 속일 수 없기 때문이다.

주님은 뿌리이다. 우리는 뿌리가 없이는 살아갈 수 없다. 주님 안에서만 우리는 참 평안을 얻는다(歸根曰靜, 『老子』16장). 주님은 우리 존재의 뿌리이기 때문이다. 주님을 통해서만 우리는 비워질 수 있다. 그분 안에서만 우리는 세속의 허명과 욕망에 휘둘리지 않고 살아갈 수 있다. 주님의 삶은 뿌리를 지키는 삶이었다. 당신의 삶이 이 땅에 깊게 뿌리내린 삶이었음을 드러내었다. 주님이 머물면 장소는 단단한 뿌리가 되고 고요함을 얻었다. 그 고요함에는 생명이 숨 쉬었다. 뿌리는 고요하다. 무거우며 흔들리지 않는다. 이 세상을 움직이는 근원적인 힘은 보이지 않는 곳, 유현한 것, 고요함에 있다. "진정으로 신을 만난 사람은 고요합니다. 신을 만났다고 떠벌리지도 않습니다"(강유원, "절대자와의 만남, 단테의 〈신곡〉", 『인문고전강의』).

그리스도인은 꽃보다는 뿌리가 되는 삶을 지향해야 한다. 이 땅에 깊이 뿌리내릴 때, 그의 삶, 그의 '있음'은 이웃에게 힘과 위로가 될 것이다. 주님이 몸소 나타내신 삶을 따라가는 동안 우리 또한 세상의 뿌리가 될 것을 믿는다. 그 믿음이 우리를 흔들리지 않게 할 것이다.

3장

글 읽는 마음

書_서 傳_전 千_천 古_고 心_심

글은 옛사람의 마음을 전한 것.

書傳千古心

- 이황, 「독서」(讀書)

평소 알고 지내던 K 선생과 약속을 잡았다. 동네 카페에서 만나기로 했는데 선생이 집으로 와주면 좋겠다고 다시 문자를 남겼다. 현관에 들어서자 거실에 쌓인 책들로 서향書香이 가득했다. "어서 오세요." 선생은 새로 마련한 서재를 보여주었다. "이번에 공부방을 은구재隱求齋라고 지었어요." 전보다 더 책이 불어난 듯했다. "책 정리를 하다 문득 『논어論語』「계씨季氏」편의 '은거하여 그 뜻을 구하다'(隱居以求其志)란 구절이 떠올랐어요. 어떤 학자가 논어의 은거란 숨어 사는 것이 아니라 드러내지 않고 살아가며 뜻을 이루어가는 것이라고 하더군요. 좋은 해석이라 생각이 듭니다."

선생은 퇴근 후에 독서와 글쓰기로 시간을 채워왔다. 직장생활을 하면서도 손에서 책을 놓지 않았다. 고교를 마치자마자 금융업계에 취직한 선생은 서른 중반 사업에 손을 댔지만 실패, 힘든 시간을 보낸 후, 선배의 소개로 제약회사에 들어갔다. 퇴직 후 주말에는 몇몇 단체에서 봉사활동을 해오고 있었다. 도서관 강의에서 처음 선생을 뵙고, 인연이 이어졌다. 서재 창으로 들어오는 오후의 햇살이 따사로웠다. 찻물 끓는 소리가 들렸다. 문득 은구의 뜻을 살린 주희(朱熹, 1130~1200)의 시 '은구재隱求齋'가 떠올랐다.

새벽 창에 숲의 나무 그림자 어른거리고
밤 되니 베개 맡에는 산의 샘물 소리 들리네
은거하고자 떠나왔는데 다시 무엇을 구하리

말없어도 도심은 길고도 기네

　전통시대 지식인들은 고명사의顧名思義라 하여 이름을 돌아보며 그
뜻을 음미하고 사색했다. 퇴계退溪 이황(李滉, 1501~1570)도 제자가
어떻게 살아야 합니까라고 묻자 자네의 이름대로 살아라, 이름의 뜻
을 생각하며 살면 된다고 일러주었다. 제자의 이름에는 덕德자가 들
어 있었다. 이처럼 자신의 이름을 되새기는 것 역시 삶을 다듬어가는
수신修身의 방법이었다.

　사업을 하고 실패했을 때 사람이 우환에서는 살고 안락함에서는
　죽는다는 맹자의 말씀이 그렇게 큰 힘이 될 수 없었어요.

　선생은 사기를 당해 사업에 실패한 30대 후반, 밤마다 술을 마시
며 보냈다고 했다. 가까웠던 사람들, 친구였기에 배신감은 더욱 컸다
고 했다. 그러던 어느 날 책장에 꽂힌『맹자』를 잡게 되었고, 우연히
힘이 되었던 구절(生於憂患而死於安樂也)과 만났다. 중·고교 한문 시
간에 배웠던 한문의 여향이 새삼 상기되면서 동양고전을 읽어나가
기 시작했다. 나는 선생이 끓여놓은 녹차를 마시며 조용히 이야기를
들었다.

고전을 읽어가며 마음의 독(毒)을 많이 풀었어요. 사업하다 사기를 두 차례 당하고…. 가깝던 사람들, 믿던 친구한테까지 사기를 당하니 쌓인 마음의 독을 푸는 데에는 정말 오랜 시간이 필요했지요. … 공자가 '하늘을 원망하지 않고 사람을 탓하지 않는다'(不怨天, 不尤人)고 했잖아요. 공자의 경지까지는 바라지 않더라도 이제는 원망하는 마음보다 자신을 돌아보며 하루하루를 채워가고 싶네요. 친구도 오죽하면 나를 속였겠는가 싶은 마음도 들고요. …

선생을 뵈면서 만년의 삶의 양식樣式이라고 할까, 삶을 시작하고 맺어가는 과정을 보는 듯했다. 삶의 독을 풀고 원망하지 않는 길…. 고전을 가슴으로 읽은 선생에게 글 읽기란 삶을 돌아보고 되살게 하는 힘이었다고 생각한다.

K 선생과 나눈 이야기를 떠올리며 나는 퇴계 이황의 글 읽는 마음을 자연히 그려보게 되었다. 일생 구도의 길을 걷고자 한 이황은 「도산십이곡」(陶山十二曲) 제9곡에서 "고인古人도 날 못 보고 나도 고인 못 뵈 / 고인을 못 봐도 가던 길 앞에 있네 / 가던 길 앞에 있거든 아니 가고 어쩔꼬"라고 노래했다. 고인과 이황은 서로 본 적은 없지만, '가던 길'로 영원히 이어져 있다. 그에게 '가던 길'은 어떤 길이었을까. 그 길은 선인이 걸어간 학문의 길이고, 그와 후학이 걸어갈 길

이었을 것이다.

하지만 '가던 길' 걷는 마음을 지키기란 얼마나 어려운가. 삶의 갈림길에서 마음은 갈피를 잡지 못한다. 이황도 크게 다르지 않은 듯하다. 그래서 마음을 다잡고자 글을 읽어갔다. 그에게 마음을 보존하는 것과 글을 읽는 것(存心讀書)은 같은 일이었다. 옛사람의 마음은 글 읽는 자신의 마음이고, 책 속 담긴 글은 스스로 행해야 할 일이었다. "글은 옛사람의 마음을 전한 것이니/글 읽는 것이 쉽지 않음을 알았"(書傳千古心, 讀書知不易)던 그는 "책 속에서 성현을 마주하니/말씀이 모두 나의 일"(卷中對聖賢, 所言皆吾事)임을 토로했다. 옛사람의 마음은 '가던 길'과 같다. 그런데 그들의 마음을 전하는 글은 왜 그렇게 어려운가. 겪은 바가 다르기에 어려운 것만은 아닐 것이다.

옛사람은 글을 읽고 깨친 길(道)이 일상 속에 실천되지 못함을 저어했다. 글속이 깊어지면 삶이 깊어지고, 삶이 깊어지면 글속이 깊어져야 한다고 믿었다. 글과 삶은 서로를 비추는 거울이라 여겼기 때문이다. 글이란 일상을 통해 드러났기에 모두 자신에게 절실한 일로 다가왔다. 그 사람의 태도에는 그의 글공부가 묻어났다. 몸가짐을 보면 그가 어떤 책을 얼마나 읽었는가를 짐작했다. 글(책)과 내가 따로 노는(書自書我自我) 것은 정녕 부끄러운 일이었다.

그 때문일까. "눈은 밝은 거울 같고 마음은 해와 같아(眼如明鏡心

如日) / 여러 서적 밝게 깨쳐 어리석음 열리길(燭破羣書啓吾蒙)" 바란 (「壬戌立春」) 이황의 기원과 성인의 말씀은 본래 쉽고 분명하나 사람들이 마음을 비워 살피지 않고 자신의 소견을 성인의 뜻인 양 여기는 (黎靖德 編纂, 『朱子語類』卷第十一, 學五. 「讀書法」下) 풍토를 비판한 주희의 경계는 내게 주님의 말씀을 읽는 마음을 거듭 돌아보게 한다. 주님이 무엇을 말씀하시는가에 귀를 기울이지 않고, 자의로 풀어 독단한 어리석음이 부끄럽기만 하다. 고교 1년 때 어머니가 주신『톰슨주석성경』을 천천히 펼쳐본다. 낡고 헤진 성경 곳곳에 어머니가 그으신 밑줄이 보인다. 가정예배를 드릴 때면 언제나 소리 내어 성경을 읽으신 어머니의 음성이 들릴 듯하다.

> 여호와여 내가 깊은 곳에서 주께 부르짖었나이다. … 나 곧 내 영혼은 여호와를 기다리며 나는 주의 말씀을 바라는도다. 파수꾼이 아침을 기다림보다 내 영혼이 주를 더 기다리나니 참으로 파수꾼이 아침을 기다림보다 더하도다(시 130:1-6, 개정개역).

4장

봄밤에 내리는 단비

好雨知時節
潤物細無聲

호 우 지 시 절 윤 물 세 무 성

좋은 비 시절을 알아… 소리 없이 만물을 적시네.

好雨知時節… 潤物細無聲

- 두보, 「춘야희우」(春夜喜雨)

36

두보(杜甫, 712~770)는 사천성四川省 성도成都 완화계浣花溪에 이르러 길고 고된 걸음에 잠시 쉴 겨를을 얻었다. 고단한 여정에서 가솔을 거느리고 마침내 성도에 이른 두보에게 성도는 치유의 장소였다. 전란을 피해 고향을 떠나 이른 성도에서 처음 맞는 봄. 저녁까지 마음을 추스르려 지중지중 걸음을 옮기던 두보에게 새벽, 마음을 환하게 하는 풍경이 드러났다. 반가운 손님처럼 찾아온 봄비…. 때를 아는 봄비가 바람 따라 말없이 밤사이 들어왔다. 만물을 적시나 가늘어 소리조차 들리지 않았다. 들길에 드리운 먹장구름, 강 위에 떠 있는 배의 불빛. 새벽에 분홍빛 비에 젖은 곳을 보니 금관성에 꽃들이 활짝 피어 있었다(好雨知時節, 當春乃發生, 隨風潛入夜, 潤物細無聲, 野徑雲俱黑, 江船火獨明, 曉看紅濕處, 花重錦官城).

봄은 언제 오는가. 봄을 맞이하는 사람의 마음에 들어올 때 봄은 온다. 봄이 와도 마음 바닥에 물기가 마른 이에게 봄은 봄이 아닐 것이다. 두보에게 봄은 만물을 적시며 메말랐던 마음도 적셔주는 봄비로 찾아왔다. 당제국唐帝國을 혼란으로 몰아간 안사의 난(安史之亂, 755~763)을 피해 험고의 세월을 지나는 그에게 봄밤의 비는 얼마나 반가웠을까. "나라는 파괴되었는데도 산하는 그대로이고/성안의 봄날 초목만 무성하구나"(國破山河在/城春草木深)라며 탄식하던 두보는 우국憂國의 한쪽에서 "이 세상에서 가난하고 외롭고 높고 쓸쓸하니 살아가도록 태어"(백석, 〈흰 바람벽이 있어〉)난 시인이라는 천명天命을 받아들이며 보고 듣고 겪은 바를 시로 적어 내려갔다. 이렇게 찾아오는 봄을 몇 해나 맞이할 수 있을까. 두보의 마음은 지난날에 대한 회한, 올 날에 대한 두려움과 기다림 사이를 오가고 있었다.

기다리지 않아도 계절의 변화 속에 스스로를 드러내는 자연 앞에 두보는 생의 무상無常을 실감했다. 자연의 운행 앞에 어떤 말을 보탤까. 자연의 갈마듦은 살필수록 신비롭다. 자연은 동양의 문인文人들에게 하나의 대상으로 머물지 않는다. 자연은 그들 마음에 완상玩賞과 음영吟詠을 낳았을 뿐 아니라 말 없는 스승이자 벗이었다. 나아가 자연의 길은 사람이 걸어가야 할 길을 보이기도 했다. 사람들은 자연의 흐름에 미치지 못하는 인력의 한계를 받아들였다. 자연을 통해 삶의 길을 살펴 겸허와 순리를 배워갔다.

계절의 변화는 세상 모든 것의 변화에 눈 뜨도록 이끈다. 변화 안에서 변화의 길을 살피게도 한다. 그러나 인간은 자연과 같지만은 않다. 인간이 고통스러운 것은 자연이되 자연의 길로만 살아가지 않기 때문이다. 자연과 달리 인간은 앞날을 의식하며 우려와 기대의 감정이 뒤섞여 살아간다. 유년에는 미래에 대한 기다림이 있다. 그러나 성년과 장년을 지나 노년에 이르면 삶의 경험이 쌓여가면서 기다림이 줄기도 하고 늘기도 한다. 기다림의 의미는 시간의 흐름 안에서 다른 무늬를 이룬다. 기다림의 대상이 뚜렷한 경우도 있으나, 자신도 모르는 기다림을 희망으로 견디며 살아가기도 한다.

기다림… 기다림이란 무엇일까. 우리는 무엇을 기다림이라고 하는가. 기다림이란 말은 조급함, 서두름, 초조함이 아니며 부담을 지는 기대는 더더욱 아니다. 기다림이란 어떤 믿음과 연결되어 있는 것인지도 모른다. 기다림이라 발음하고 나면, 때로, 마음이 가라앉곤 한다. 핸드폰이라는 문명의 이기利器는 누군가를 오래 기다리지 않게 만들었다. 언어가 삶을 반영하는 것이라면, 사라진 하나의 말은, 삶의 풍경 하나가 사라졌다는 생각이 들게 한다. 어떤 말이 덜 쓰이게 되면 그 말에 담긴 마음의 풍경도 희미해져가는 건 아닐까. 그러나 기다림이란 말은 여전히 골목길처럼 어떤 애잔함과 어울려 마음 그늘에 빛을 쬐어준다.

기다림에는 희망의 불씨를 끄고 싶지 않은 마음이 흐른다. 다만 그 기다림이 지나친 기대가 되어 현실에 무감하게 할 때도 있다. 희망이 아니라 절망이 되고 두려움이 된다. 오지 않은 시간이 기다림이 아니라 점점 두려움으로 다가온다. 오늘 우리 시대의 두려움은 오늘보다 더 나은 날이 기다리고 있을까라는 믿음이 흔들리기 때문이다. 그 흔들림이 지친 이들 사이에 벽을 만들고, 사람과 사람 사이에 막을 세운다.

하늘에 먹구름이 가득하면 언젠가 비가 내릴 것이다. 『주역周易』의 수천수괘水天需卦는 물(水)이 하늘(天) 위에 있어 구름 낀 하늘에서 비가 내리길 기다리는(需) 모습을 보여준다. 기다림에 믿음이 있으면 힘든 시기가 지나 빛이 보이고 든든한 이룸이 있을 것이라고 한다

(需 有孚 光亨 貞吉). 그러나 그 이룸은 큰 내를 건너고, 힘든 시간을 거쳐야만 한다. 큰 내를 건너야 이로운 것이다(利涉大川). 험한 물이 앞에 있지만 굳건하므로 곤궁하지 않을 것이다(險在前也 剛健而不陷 其義不困窮矣). 수천수괘는 기다리면 비는 때에 맞게 내리고, 사람도 이러한 자연의 변화를 본받아 기다릴 줄 알아야 한다고 한다. 하지만 기다림이란 결코 쉬운 일이 아니다. 일이 풀리지 않으면 조바심이 난다. 기다림에는 용기가 필요하다. 아니 용기가 있기에 기다림을 받아들이는지도 모른다. 자신에 대한 믿음이 있으므로 기다릴 줄 알 것이다. 그런데, 무엇을 기다린다는 말일까.

개인과 사회의 영역에는 바꿀 수 있는 것과 바꾸기 힘든 것이 있다. 바꾸기 힘든 것에는 기다림을 떠올리지 않지만 바꿀 수 있는 것에는 기다림을 붙잡는다. 기다림은 희망의 다른 이름일는지 모른다. 다만 희망은 개인이 홀로 성취할 수 있는 것은 아니다. 사회의 연대와 공동선의 추구, 함께 살아가는 이들의 삶이 맞닿아 있기 때문이다. 그러므로 함께 길을 걸어 길을 만들어가야 한다. "기다림은 헛된 기대가 아니라 내적 확신이다. … 때가 오면 진실은 사물들의 질서 속에서 저절로 드러난다. 성실한 사람만이 기다릴 줄도 알고 행동할 줄도 안다. 기다림은 그때그때 해야 할 일을 포기하거나 유예하는 것이 아니다"(김인환 옮김, 『주역』).

기다림의 대상이 눈앞에 나타난다 해도 우리는 또 다른 기다림 속에 있을 것이다. 그리스도인은 무엇을 기다리는가. 그리스도인에

게 기다림이란 무엇일까. 자연의 변화에서 삶의 길을 돌아보며, 하나
님의 창조 안에서 자연의 은총을 경험한다. 자연 안에서 당신을 나타
내시는 주님. 주님은 여러 모습으로 우리를 이끌고 위로하시며 힘을
주신다. 주님은 언제나 우리 곁에 계신다. 고통의 눈물을 거두어주시
는 주님의 위로와 사랑 안에서 우리는 기다림이 미래가 아니라 현재
이자 현존임을 경험한다. 우리는 "우리가 걷는 길이 주님께서 기뻐하
시는 길이면, 우리의 발걸음을 주님께서 지켜주시고, 어쩌다 비틀거
려도 주님께서 우리의 손을 잡아 주시니, 넘어지지 않는"(시
37:23-24)다는 것을 믿기 때문이다.

자기를 속이지 마십시오. 하나님은 조롱을 받으실 분이 아니십니
다. 사람은 무엇을 심든지, 심은 대로 거둘 것입니다. 자기 육체에
다 심는 사람은 육체에서 썩을 것을 거두고, 성령에다 심는 사람
은 성령에게서 영생을 거둘 것입니다. 선한 일을 하다가, 낙심하
지 맙시다. 지쳐서 넘어지지 아니하면, 때가 이를 때에 거두게 될
것입니다(갈 6:7-9).

봄볕이 마음에서 시린 한기寒氣를 떠나보내지 못하는 분들에게 따
뜻한 힘이 되길 바라며, 주님의 은총이 소리 없이 만물을 적시는 봄
비처럼 누리의 그늘진 곳에 내리길 두 손 모아 기도한다.

5장

선생의 뜻

道_도之_지所_소存_존

師_사之_지所_소存_존也_야

도가 있는 곳이 선생이 있는 곳이다.

道之所存 師之所存也

- 한유, 「사설」(師說)

열일곱이 된 이반李蟠은 한유(韓愈, 768~824)를 찾아갔다. 친구들은 모두 과거시험을 보기 위해 시험 준비에 몰두하고 있었다. 국가교육은 과도하게 시험위주로 돌아갔다. 이런 현실에 깊이 회의를 느낀 이반은 이들과 다른 길을 걷고 싶었다. 마침 한유는 국립대학인 국자감國子監에 속한 사문학四門學에서 가르치고 있었다. 참된 선생의 길을 가고자 한 한유에게는 따르는 제자들이 늘어났다. 한유는 젊은 이반의 방문에 반가움을 숨기지 않았다.

"자네는 고대 경전들에 모두 깊은 이해와 식견을 갖고 있네. 그런데 어떤 이유로 내게 와서 배우려고 하는가?"

"성인聖人의 참 도를 알고 싶습니다. 그러나 학교에서 학생들은 시험준비에만 골몰하고 모범답안까지 만들어 돌려보고 있습니다. 이런 현실이 부끄럽고 견디기 힘들었습니다."

"그래. 옛날 배우는 사람들은 반드시 선생이 있었지. 선생은 도를 전하고 학업을 전수하고, 의혹을 풀어주는 사람이라네. 성인도 스승을 찾았건만 오늘날은 스승 찾는 사람을 오히려 우습게 여기고, 혹 선생 된 자가 지위가 낮으면 부끄러워하고 관직이 높으면 아첨을 하고 있다네. 성인은 일정한 스승이 없는 법, 모든 이들에게 배우려고 하는 분이지…. 나는 도를 스승으로 삼는다네. 도가 있는 곳이 스승이 있는 곳이네."

서른을 앞둔 초여름 어느 날이었다. 현재鉉齋 김흥호(金興浩,

1919~2012) 선생님의 연구실은 묵향이 은은히 감돌고 있었다. 한쪽 벽면에 직접 쓰신 왕양명王陽明의 글귀가 보였다. 안부를 여쭙고 앞으로의 계획을 말씀드렸다. 여든을 넘으신 선생님은 잔잔한 미소를 띠신 채 어린 제자의 말을 듣고 계셨다. 그리고 천천히 다음과 같은 말씀을 해주셨다.

"나도 20대에 선생을 찾으려 했지…. 처음에 누가 춘원春園 이광수李光洙를 찾아가 보라고 해서 찾아갔지. 그런데 춘원 선생이 오히려 시계 같은 분이 있다는 거야. 그게 누구냐 했더니, 다석多夕 유영모柳永模 선생이라고 해. 그래서 그분을 찾아갔지. 그때 다석 선생을 만났고 서른다섯에 내 입장을 얻었지. 입장을 얻고 나니 그때부터는 문제가 없었지. 이화여대에서 교목 하면서 교수하다가 마흔에 유학을 갔지. 마흔다섯에 미국 장로교회에서 목사안수를 받고 바로 이대에 와서 다시 가르치기 시작했지. 무엇보다 자기 입장이 중요해. 그러나 그런 입장을 얻으려면 선생을 만나야 해. 입장이 생기면 정말 자기의 길을 걸어갈 수 있는 자신감이 생기지. 사람은 그런 입장이 있어야 해. 꼭 선생을 만나도록 하게."

김흥호 선생님은 늘 "인생은 선생이다. 사람은 선생을 만나야 한다"고 했다. 사람은 선생을 만나야 사람이 된다는 말씀이 내게 큰 울림으로 가슴에 자리 잡았다. 시간이 흐를수록 사람은 선생을 통해 거듭난다는 생각을 하게 된다. 선생님의 말씀을 떠올릴 때면 한없이 부끄럽다. 우리 시대, 선생과 제자 사이에 인격적 관계가 흐려져 가는 때 '선생'의 의미가 낯설게 다가오기 때문이다.

선생으로 불리는 사람은 삼가고 두려워할 줄 아는 삶을 사는 줄 알았다. 그래서 선생을 선성先醒—사람들이 잠들어 있을 때 깨어(醒) 사람들을 깨울 수 있는 자—이라고 했다. 선생은 단순히 지식을 가르치는 자로 소임이 끝나지 않는다. 제자는 선생의 지식만을 배우지 않는다. 제자는 사람을 대하는 선생의 몸짓과 태도, 말투, 마음 씀…, 모든 언행에서 배운다. 옛사람들은 선생이 남긴 자취를 '언행록言行錄'으로 되새겨 갈무리해두었다.

스무 살의 플라톤은 소크라테스를 만나 흔들림을 경험했다. 아테네의 명문 귀족 집안 출신으로 부러울 것 없던 청년 플라톤. 선생을 만난 그는 과거와 결별해야 했다. 플라톤은 소크라테스를 만나 철학자 플라톤이 되었다. 참 선생은 나라는 존재의 참모습을 알게 한다. 해가 비치면 사물이 본래의 얼굴이 드러나듯 선생 앞에서 제자는 무지無知가 드러난다.

소크라테스의 질문에 아테네의 권력자와 명망가들은 그들이 서 있는 토대가 얼마나 허약한 것인가를 알게 되었다. 소크라테스의 물음이 그들이 피하고 싶어 한 불편한 진실을 들여다보게 했기 때문이다. 소크라테스는 지혜롭다 하는 자들에게 무지의 오만을 보았다. 현자로서의 선생은 손쉬운 답을 제시하기보다 난문難問을 통해 제자가 피하려고 한 문제, 무지한 곳을 마주하게 하고, 확신하던 신념들을 흔들어놓는다. "사람들이 아직 본 적이 없는 아침놀 속에서 사물을 볼 수 있는 사람이고 그 능력을 통해 타자의 각성을 재촉할 수 있는 사람인 것이다"(나카야마 겐, 『현자와 목자』).

어느 날 부자 청년이 주님을 찾아왔다. 영생을 위해 지켜야 할 계명을 주님께 듣고 난 청년은 이렇게 말했다. "나는 이 모든 것을 다 지켰습니다. 아직도 무엇이 부족합니까?" 주님은 청년을 가득 채우고 있는 것을 들여다보시고는 청년에게 권면하셨다. "네가 완전한 사람이 되려고 하면, 가서 네 소유를 팔아서, 가난한 사람에게 주어라. 그리하면, 네가 하늘에서 보화를 차지하게 될 것이다. 그리고, 와서 나를 따라라." 청년은 많은 재물을 갖고 있었다. 청년의 낯빛이 어두워졌다. 재물을 잃으면 자신의 전부를 잃는다 여긴 때문일까. 청년은 주님의 말씀을 듣고 나자 근심 속에 떠나갔다.

부자 청년은 주님을 만나지 못했다. 선생을 만나지 못했다. 그는 자신이 지킬 수 있는 계율만 지키면 구원을 받는 줄 알았다. 그러나 주님은 단순히 도덕률을 가르치는 선생이 아니었다. 인습적인 지혜(넓은 길)에 사로잡힌 사람들에게 변혁의 길(좁은 길)과 성령을 따르는 삶을 보여주셨다(마커스 보그, 『예수 새로 보기』). 부자 청년은 주님께서 보여주신 '좁은 길'을 걸어가길 두려워했다. 선생을 만난다는 것은 두려운 일이다. 진리를 알아 이전과 다른 삶의 길을 걸어가야 하기 때문이다. 하지만 선생과의 만남은 진리를 깨닫고 참 자기가 되는 길이기에 행복한 길이다. 선생을 만난 사람은 가장 행복한 사람이다. 그리스도인은 선생 예수를 만났다. 그리스도인은 오늘도 진리를 깨닫는 기쁨 속에 '참 포도나무'이신 주님 안에서 제자의 길을 걸어간다.

가지가 포도나무에 붙어 있지 아니하면 스스로 열매를 맺을 수 없는 것과 같이, 너희도 내 안에 머물러 있지 아니하면 열매를 맺을 수 없다. 나는 포도나무요, 너희는 가지이다. 사람이 내 안에 머물러 있고, 내가 그 안에 머물러 있으면, 그는 많은 열매를 맺는다. 너희는 나를 떠나서는 아무것도 할 수 없다. … 너희가 열매를 많이 맺어서 내 제자가 되면, 이것으로 내 아버지께서 영광을 받으실 것이다(요 15:4-5).

6장

참된 복

福_복

者_자

造_조善_선之_지積_적也_아

복이란 선을 실천하다 얻게 된 것이다.

福者 造善之積也

- 손사막, 「복수론」(福壽論)

동양철학을 전공한다고 하니 손금을 봐달라고 하는 사람들이 적지 않다. 손금만 아니라 사주나 관상까지 봐달라고 하는 이들도 있다. 그래서 '철학관'과 철학과는 다르니 점과 철학을 혼동하지 말아달라고 부탁하기도 한다. 그리스도인으로서 난감함을 표시하고 사양한 적이 많다. 사주나 관상과 관련해서는 10대와 20대 사이로 집안 어른이 한약방으로 약을 지으러 가셨다가, 혹 거리를 지나가던 역술가나 관상가한테서, 혹은 다른 이를 통해 들려오던 말을 몇 차례들은 적이 있다. 그런데 공교롭게도 하나같이 지금의 모습과 크게 다르지 않은 말을 하는 것이었다. 솔직히 말해 하나도 틀린 것은 없었다. 내 마음속에 있던 바람과 생각을 그들이 미리 맞춘 것이라는 생각이 들었다. 그 때문일까. 오히려 역술易術이나 명리학命理學을 통해 미래를 알아보려는 호기심이 줄어들었다. 마음에 있는 것을 그대로 말할 뿐이라는 생각이 들었기 때문이다.

중국 명나라 때 원황(袁黃, 1533~1606)이라는 사람이 있었다. 어린 시절 아버지를 여읜 황은 모친의 뜻에 따라 과거 공부를 포기하고 의술을 배웠다. 어느 날, 황은 자운사慈雲寺라는 절에 들러 우연히 공孔 선생이라 불리는 노인을 만난다. 소강절(邵康節, 1011~1077)의 상수학象數學에 밝은 공 선생은 황의 미래를 점쳐주었다. 내용은 이러했다. 과거에 급제하고 관직을 얻지만, 자식은 없을 것, 53세로 수명을 다해 8월 14일 축시丑時에 임종할 것. 공 선생이 점친대로 황은 과거시

험에 합격한다. 그러나 황은 마음이 무거웠다. 후사가 없을 것이고, 수명도 길지 않을 거라는 공 선생의 말이 늘 마음에 걸린 때문이다. 정녕 불운을 피할 방법은 없는 것일까. 갑갑한 심정으로 괴로워하던 황에게 큰 전환점이 찾아왔다. 당대 고승 운곡선사(雲谷禪師, 1500~1575)와 만난 것이다. 운곡선사는 황에게 일갈했다. "운명은 우리 스스로 만드는 것이고, 복도 우리 스스로 얻은 것이네. 자신을 돌아보아 허물을 찾아내지 않고, 지나친 탐욕 때문에 도리를 어긴다면 덕을 잃고 말테니, 경계하게!"

운곡선사는 황에게 구체적 실천 지침이 될 공과격功過格을 보여준다. 매일 자신의 행동을 기록해 잘한 일(功)과 나쁜 행동(過)의 경중을 나누어 점수를 매기고, 준제주准堤呪도 외우라. 삶에서 길흉화복吉凶禍福은 짝을 이루고 있다. 몸을 닦고 기다리며 덕을 쌓고 하늘에 기도하라. 몸 닦음은 허물을 잘 다스려 깨끗하게 없애가는 행위이고, 참된 기다림이란 과분한 요행을 버려야 하는 과정이라고 당부한다. 마침내 황은 이전의 운명론과 단호히 결별한다. 학해學海라는 호를 버리고, 보통사람凡人의 범속함을 끝내리라 결심, 료범了凡으로 호를 고친다. 황은 운곡선사의 가르침을 철저히 따랐다. 잘못을 부끄러워하고 두려워하는 마음을 잃지 않으려고 노력하며 매일 선행을 실천해갔다. 원황이 이러한 내력을 담아 아들에게 권면하려고 지은 책이 명대의 저명한 권선서勸善書 『요범사훈了凡四訓』이다.

『요범사훈』에서 원황은 모든 잘못은 마음으로부터 생기며 잘못을 고치는 것도 마음으로부터 시작해야 한다고 했다. 그러나 그는 선행 역시 동기와 결과를 잘 살펴야 한다면서 선행이 뜻하지 않게 또 다른 잘못을 낳을 수 있다는 점을 지적한다. 선행이라면 앞뒤 잴 것 없이 좋다는 단순한 시각으로 세상을 바라보지 말고, 인생의 복잡한 면을 선악이라는 잣대로 손쉽게 판단할 수 없다는 점도 주의하라고 권한다. 원황은 공 선생의 예언과 달리 자식을 얻었고, 74세까지 장수했다. 운명이란 결정된 것이 아니라 마음을 청정하게 하고, 선행을 실천하면 바꿀 수 있다는 것(造命)을 보여준 셈이다.

연암燕巖 박지원(朴趾源, 1737~1805)은 선행이란 타고난 선을 실천하는 것일 뿐이라고 했다. 사람이라면 마땅히 해야 할 일을 한 것이므로 하늘이 선을 행한 사람에게 특별히 복을 내리지는 않는다는 것이다. 박지원은 "선이란 사람이 태어날 때부터 원래 자기 몸에 갖추고 있는 이치"라고 뜻매김하고 이렇게 확언한다. "신명神明이 굽어본다 할지라도 사람들이 행하는 선에 따라 일일이 복을 내려주지는 않는다. 왜 그런가? 마땅히 해야 할 일을 한 것이므로 딱히 훌륭하다 할 것은 아니기 때문이다. 사람이 선을 행하여 복을 받겠다는 생각은 하지 말고, 오직 악을 제거하여 죄를 면할 방도를 생각함이 옳다"(박종채, 『나의 아버지 박지원(過庭錄)』).

선을 행하려는 마음, 선한 마음은 하늘이 내린 마음이고, 그 마음보다 더 큰 복은 없다는 것을 박지원은 말하고 있는 것이 아닐까. 이는 "자선을 베풀 때에는, 오른손이 하는 일을 왼손이 모르게 하여, 네 자선 행위를 숨겨두어라. 그리하면, 남모르게 숨어서 보시는 네 아버지께서 너에게 갚아 주실 것"(마 6:3-4)이라고 하신 주님의 뜻과도 멀지 않을 것이다. 박지원의 말은 선행에 보상을 바라기란 마땅히 해야 할 일을 하고 생색을 내는 것과 다름없다는 일침(一鍼)일 터이다. 선행이 보상을 바라는 행위로 변질되면 부끄러운 일이다. 선행의 수혜자에게도 모멸감을 줄 수 있다. 옛사람들은 선행을 하는 것이 곧 복이고, 선한 마음은 이미 하늘이 주신 마음이라는 것을 깊이 새기고 있었다.

당대唐代 초기의 명의名醫 손사막(孫思邈, 581~682)은 「복수론福壽論」에서 "복이란 선을 실천하다 얻게 된 것"(福者, 造善之積也)이라고 했다. 복을 받고 싶어 하는 보상의 마음을 버리지 못한 채 선행을 선행으로 의식한 선행은 이미 선행이 아니다. 손사막은 사람들이 선을 행하고 덕을 닦지 않으며 요행만을 바라는 풍토를 비판하면서, 덕이 부족하고 선심이 부족하면 죽음에 이른다고 했다. 덕과 선한 마음을 희생시킨 사람은 일시적으로는 성공한 듯 보이나 마침내 모든 것을 잃게 된다는 것이다. 복의 근원은 내 안에 있다. 근원을 돌아보지 않은 채 복을 밖에서 구하는 것은 자신 안의 보석을 발견하지 못한 결과이다. "덕은 복의 바탕이고, 복은 덕을 이룬 것"(德者福之基也, 福者德之致也. 張載, 『正蒙』「至當」)이기 때문이다.

그렇다면 복福이란 무엇일까. '福'이라는 한자를 살피면 두 손으로 '술동이를 제탁祭卓에 올려놓는 사람의 모습'이 그려져 있다. 신에게 복을 빌고, 복을 받고 싶어 하는 인간의 오래된 염원이 담긴 글자임이 쉽게 짐작된다. 그러나 단순히 복을 받고 싶어 하는 기복의 의미만이 담긴 글자라고 보이지는 않는다. 두 손으로 가장 소중하고 가치 있는 것을 내어놓음은 자신의 욕망을 내려놓는 몸짓이다. 겸허한 마음으로 하늘의 뜻을 기다리는 사람, 유한성을 자각한 인간의 상징으로도 보이는 것이다.

그리스도인이 누려야 할 참된 복은 무엇일까. 세상은 선이 악을 이기는 경우가 드물다며 선의 힘에 회의의 눈길을 보낸다. 그러나 주님의 뜻을 따르는 선한 일로 세상의 어둠을 걷어내는 데에 동참하는 것만으로 그리스도인은 가장 큰 복을 받은 존재이다. 그는 주님의 은총 아래에서 자신의 욕망을 비워 겸허를 배워간다. 기다림 속에 길을 걸어간다. 스스로 모든 열매를 거두려고 하지 않는다. 열매를 거두는 분은 주님이심을 믿기 때문이다.

사람살이 안과 밖에서 들리는 소식들이 밝지만은 않다. 희망을 노래하기가 어려운 날들이다. 그럴수록 '복 있는 사람'의 뜻을 간직하고, 바울 사도의 간곡한 권면을 새기며 흐트러진 마음을 다잡는다. "선한 일을 하다가, 낙심하지 맙시다. 지쳐서 넘어지지 아니하면, 때가 이를 때에 거두게 될 것입니다"(갈 6:9).

7장
누가 성인인가

人_인胸_흉中_중各_각有_유個_개聖_성人_인

사람들은 가슴 속에 저마다 성인이 있다.

人胸中各有個聖人

- 왕양명, 『전습록』(傳習錄)

강학講學을 마치고 나오는 왕양명(王陽明, 1472~1528)을 기다리는 사람이 있었다. 그는 양명이 서원書院에서 나오는 것을 보며 기쁜 마음으로 다가갔다. 늘 뵙고 싶었던 선생에게 공손히 예를 표했다. 양명도 반갑게 답례했다. 누구나 성인聖人을 간직하고 있고, 성인이 될 수 있다는 말을 전해 들어온 그는 양명을 통해 직접 그 뜻을 확인하고 싶었다. 말을 못하는 그는 땅바닥에 엎드려 가져온 나뭇가지로 곧장 글씨를 써갔다. "선생님, 저처럼 말을 못하는 결함을 가진 사람도 성인이 될 수 있습니까?" 그의 글씨를 본 순간 양명은 가슴이 뭉클했다. 지체하지 않고 글씨를 써서 답했다. "그렇소. 당연히 성인이 될 수 있소." 그러자 그는 발을 구르며 뛸 듯이 기뻐했다.

어느 날 제자 왕우중王于中이 스승 양명의 말씀을 듣고 있었다. 양명은 힘 있는 어조로 말했다. "사람들 가슴에는 저마다 성인을 지니고 있네"(人胸中各有聖人)! 우중은 스승의 말씀 앞에 잠시 눈을 감았다. 사람 안의 타고난 도덕능력인 양지良知를 다 발휘할 것을 늘 강조하신 스승이기에 어떤 맥락에서 하는 말씀인지 가리사니가 잡혔다. 마음속에서 무언가가 차오르는 듯했다. 그러나 우중은 묵묵했다. 양명은 말을 이어갔다. "사람들은 다만 스스로가 성인을 지니고 있다는 것을 믿지 못할 뿐이네. 그러니 성인을 묻어버리고 말았다고 할 수 있지."

양명은 제자 우중을 돌아보았다. 우중은 선생의 가르침인 지행합일知行合一의 뜻을 일상 속에 실천하려는 제자였다. 양명은 언동이 요란하지 않고 자신을 단속하며 정진 중인 우중이 믿음직스러웠다. 그런 우중을 평소 흐뭇하게 생각해온 양명이 말했다. "자네 가슴 속도 원래 성인이네"(爾胸中原是聖人)! 우중은 스승을 바라보지 못한 채 눈을 감았다. 잠시 침묵이 흘렀다. 우중은 천천히 말씀을 드렸다. "선생님, 제가 감히 감당하기가 어렵습니다. …" 양명은 인仁을 실천함에는 스승에게도 사양하지 않는다는 공자의 말이 떠올랐다. 우중이 좀 더 용기를 내기 바랐다. "그것은 자네 스스로 지니고 있는 것인데 왜 사양하는가?" 거듭 망설이는 우중의 목소리가 작아졌다. "아닙니다. 감히 감당하지 못하겠습니다. …" 양명은 우중의 겸양하는 태도를 보니 더욱 힘을 불어넣어 주고 싶어 짐짓 단호하게 말했다. "보통사람들도 모두 그것을 지니고 있는데, 하물며 자네임에랴! 무슨 까닭으로 겸손해하는가? 겸손할 필요 없네." 그제야 우중의 얼굴이 환해졌다.

잔혹한 사건들로 연일 마음이 무거워진다. 인면人面에서 수심獸心을 떠올리게 된다. 불신과 혐오의 분위기에 편승하고 싶지 않지만 마음은 흔들린다. 인간에 대한 불신과 혐오도 번져간다. '혐오'를 드러내는 현상이 도처에서 모습을 드러낸다. 인간은 과연 영적 존재인가 의구심이 생긴다. 자본의 왜곡된 힘이 영혼마저 상품화하고, 사람 사이의 관계를 강고하게 지배한다. 사람이 사람을 도구화하는 세상에서 사람은 그 자체로 존중받기가 어려워졌다. 사람은 태어나 생명을 부여받은 것만으로 소중한 존재로 여겨져야 한다. 그러나 우리는 한 생명이 사회라는 장 속에 들어오면 어떻게 받아들여지고 재편되는지를 잘 안다.

존엄성을 지켜야 한다, 자존감을 지켜야 한다고 말한다. 존엄성과 자존감은 다른 무엇으로 대체될 수 있는 물건과 같은 것이 아니다. 존엄성과 자존감을 상실하는 것은 자신의 인격 전부를 잃는 것이다. 존엄성은 사람들이 인간으로서 자기 자신을 존중하는 감정의 표현이고, 자존감은 사람들이 자신이 인간이라는 사실에 대해 갖는 태도이기 때문이다(아비샤이 마갈릿/신성림 옮김, 『품위 있는 사회』). 사람이 존엄성과 자존감을 지키려면 그것을 유지할 수단과 조건("사람을 사람으로 만들어주는 것은 추상적인 관념이 아니라 우리가 매일매일 다른 사람들로부터 받는 대접이다. 사람행세를 하고 사람대접을 받는 데 물질적 조건들은 여전히 중요하게 작용한다." 김현경, 『사람, 장소, 환대』)이 마련되어야 하고, 나아가 사람이란 어떤 존재인가에 대한 공유된 믿음이 있어야 한다. 그 믿음이 공유되지 않는다면 존엄성과 자존감은 회복되기 힘들 것이다. 혐오와 불신도 사라지지 않을 것이다.

왕양명은 사람은 누구나 가슴 속에 성인을 품고 있다고 했다. 그것은 누가 빼앗아 갈 수 없는 내면의 힘이고 신성의 불꽃을 달리 표현한 이름이다. 발견과 회복이라는 눈에서 보면, 성인 됨의 씨앗은 본래 우리 마음속에 있는 것이나 사사로운 욕망에 가려 그것을 발견하지 못하고 회복하지 못한 채 방치해둔 셈이다. 사람이 그 씨앗을 품고 있다고 믿으면 사람은 서로에게 함부로 하기 어렵다. 혐오라는 굴레를 씌워 사람 사이에 증오와 모멸의 고리가 이어지는 오늘에 이러한 말들은 한갓 공허한 말일 뿐일까.

그래서 묻곤 한다. 사람은 '하나님의 형상'인가? 내게 하나님의 형상은 있는가? 그리고 사람들 안에서 하나님의 형상을 보았는가? 아니 보려고 노력했는가? 이런 물음 앞에 한없이 누추한 자신을 본다. 오히려 악惡의 형상을 보고 있지는 않은가? 자신 안의 욕망을 타인에게 투사하는 버릇에 길들여져 사람을 있는 그대로 바라보지 못할 때가 얼마나 많은가. 다른 이에게 자신은 그렇게 받아들여지길 원하지 않으면서 말이다.

욕망의 굴레에서 자유롭지 못한 그리스도인에게 바울 사도는 말한다. "주님은 영이십니다. 주님의 영이 계신 곳에는 자유가 있습니다"(고후 3:17). 주님은 우리를 세상의 체제에 예속된 노예가 아니라 주님 안에서 자유와 해방을 누리는 존재로 삼으셨다. '빛과 소금'으로서 그리스도인은 세상 속에서 영적 존재로 살아간다. 그는 자신이 영적 존재임을 자각하고 세상 속으로 들어간다. 그러나 "영적 존재들은 '세상의 구조들'과 항상 갈등 속에 있다. 즉 세상의 가치, 원리, 이상 그리고 목적들과 결을 달리하며 살아야만 한다. 우리들 중 다수는 비인간적인 현상 유지, 즉 생명에 반대되는 '악한 사회'를 영속시키는 '육(肉)'의 구조 속에 길들여져"(레오나르도 보프, 『오소서, 성령이여』) 있기 때문이다.

양명의 한 제자가 밖에서 돌아와 이렇게 말했다. "거리의 모든 사람이 성인임을 보았습니다"(見滿街人都是聖人). 양지가 마음의 본모습(本體)임을 깨친 제자에게 거리의 사람들은 모두 성인으로 보였다. 주님의 영이 우리 안에 머물게 되면 이웃이 빛을 간직한 영적 존재로 다가올 것이다. 선보다 악이 지배하는 듯한 세상에서 인간에 대한 불신과 혐오가 팽배하다. 그러나 이럴 때일수록 인간이 하나님의 형상이자 영적 존재라는 믿음을 잊지 말아야 한다.

그리스도인은 '세상의 구조들' 속에 함몰되지 않고, 세상이 주님의 영이 숨 쉬는 곳으로 변화되길 갈망해야 한다. 바울 사도는 우리에게 먼저 마음(영)을 새롭게 하여 변화를 받아 주님의 뜻을 분별할 것을 간곡하게 독려한다. "형제자매 여러분…, 여러분은 이 시대의 풍조를 본받지 말고, 마음을 새롭게 함으로 변화를 받아서, 하나님의 선하시고 기뻐하시고 완전하신 뜻이 무엇인지를 분별하도록 하십시오"(롬 12:1-2).

8장

아름다운 사람

充_충 實_실 之_지 謂_위 美_미

선^善을 자신 안에 가득 채우고 있는 것을 아름답다고 한다.

充實之謂美

- 『맹자』「진심」(盡心) 하

"아…, 또 나무들이 베어져 나가는구나." 여기저기서 농부들의 긴 탄식 소리가 들려왔다. 농부들의 장탄식에 맹자는 제자에게 서둘러 수레를 멈추게 했다. 제齊나라 동남쪽에 있는 우산牛山이 가까워질수록 맹자孟子는 눈을 의심했다. 우산은 차마 눈 뜨고 보기 흉할 만큼 본래 모습을 잃어가고 있었다. 벌목된 민둥산 앞에 맹자는 망연자실했다. 농부들의 한숨과 탄식이 더욱 아프게 다가왔다. 제후들을 향한 분노가 일어났다. 긴 한숨이 터져 나왔다. 우산만이겠는가. 곳곳에서 나무들이 베어져나가는 소리가 들리는 듯했다. 끊이지 않는 남벌濫伐에서 부국강병을 향한 제후들의 욕망이 보였다. 나무들은 갖은 목적으로 벌목되었다. 물론 맹자가 목재를 원료로 한 공동체 필수품을 구비하는 것조차 타매한 것은 아니다. 다만 나무들이 뽑히고 베어질 때마다 권세가들의 욕망이 어디로 치닫는지를 잘 알았기에 노여움이 일어난 것이다.

맹자의 마음은 울울했다. 전란이 휩쓸고 지나간 자리에서 사람들 삶과 심신은 갈수록 피폐해져 갔다. 제후들은 그가 말하는 '마음'(四端)을 머리로만 알았지 가슴으로는 받아들이지 않았다. 맹자는 부국강병으로 치닫는 제후들의 마음을 바꾸고 싶었다. 그들에게도 측은지심이 있고 선을 향한 열망이 있음을 일깨워주고 싶었다. 직설과 권면, 강도 높은 변론으로 구설수를 마다 않고 긴 이야기를 쏟아내기도 했다. 인仁을 사람의 마음(人心)으로, 의義를 사람의 길(人路)이라고

8장 · 아름다운 사람

한 그는 개나 닭을 잃어버리면 찾을 줄 알면서도 잃어버린 마음(放心)을 찾지 않는 권력자들, 겉으로는 인의를 가장하지만 패권覇權을 추구하며 삶터를 전장으로 내몰아가는 제후들을 비판했다.

자네, 우산의 나무들을 본 적 있나? 원래 우산은 수목이 무성한 산이었네. 우산의 숲은 예전에는 정말 아름다웠다네. 그런데 큰 나라 근교에 있는 까닭에 사람들이 나무들을 도끼로 베어내니, 어떻게 아름다울 수 있겠는가? 낮과 밤으로 자라나고 비와 이슬이 적셔주어 새싹이 움터 나오지 않는 건 아니지만, 계속 소와 양을 방목하니 민둥산이 될 수밖에…. 사람들은 그것도 모르고 우산이 반들반들해진 걸 보고 우산에 예전부터 나무가 없었다고 하지만 그게 어찌 산의 본래 성질이겠는가? 사람에게도 어찌 인의의 마음(仁義之心)이 없겠는가. 사람들이 그들의 본래 타고난 선한 마음을 잃어버리는 것도 도끼질로 날마다 나무를 베어내는 것과 같으니, 어떻게 아름다워질 수 있겠는가?

맹자는 나무로 가득한 것이 산의 본래 모습이듯 선한 마음이 가득한 것이 사람의 본래 모습이라고 믿었다. 맹자의 기억 속에 간직된 우산은 수목이 무성한 아름다운 산이었다. 도끼에 베어나간 민둥산은 우산의 참모습이 아니었다. 맹자는 선이 몸에 가득 차 있는 사람을 아름답다고 했다. 그는 벌목이 만들어낸 민둥산을 보고는 도무지

선한 본성을 기를 수 없는 전국시대의 잔혹한 현실을 떠올리지 않을
수 없었다. 맹자는 제후들의 부국강병을 향한 과도한 집착이 성선性善
의 믿음마저 훼손시켰다고 비판했다.

남송시대 주희朱熹는 맹자의 말에 "선을 힘써 행해서 충만하여 쌓
이고 가득 차게 되면 아름다움이 그 가운데에 있게 되어 밖에 기다릴
것이 없는 것이다"(力行其善, 至於充滿而積實, 則美在其中而無待於外矣,
『孟子集註』)고 주를 달았다. 그는 아름다움이란 선을 힘써 행하는 가
운데 가득 차 쌓이고 넘치면 있게 되는 것이라고 한다.

그런데 맹자의 말에 주희가 붙인 '힘써 행함'(力行)이란 풀이에 눈
길이 멈춘다. 맹자는 선을 자신 속에 가득 채우게 된 상태를 아름답
다고 했다. 반면 주희는 '힘써 행함'이라는 말을 집어넣는다. 무슨 까
닭일까. 그는 아름다움이란 선을 힘써 행해 충만하여 쌓이고 가득해
지면 얻게 되는 어떤 열매라고 생각한 것일까. 아름다움은 힘써 행함
속에 뿌리를 두고 있다는 그의 풀이에 생각의 가닥이 이어지다 뜬금
없이 예수님의 얼굴은 어떤 모습이었을까 그려본다. 아마 노동을 멀
리하지 않아 투박하고 거친 손, 깊이 파인 눈동자, 그을린 피부, 강단
있는 외모…. 조금 지쳐 보이되 분명 창백한 얼굴은 아니었을 듯하
다. 아무도 예수님이 어떤 얼굴과 외모를 갖고 계셨는지 모른다. 복
음서에는 아무리 찾아보아도 주님의 외모를 실감 있게 묘사한 곳이
없는 듯하다. 그러나 주님은 하나님의 뜻을 이루고자 선을 힘써 행하

는 길에 아름다움이 당신 안에 가득 차 넘친 분이었을 것이다. 사람들은 그런 주님의 모습을 보는 순간 새로운 삶의 가능성을 발견했는지 모른다.

엔도 슈샤쿠는 『예수의 생애』(이평아 역)에서 예수가 외모 때문에 업신여김을 받았다는 내용이 없으니, 예수는 평균 신장에 지극히 평범한 용모, 극히 평범한 수염과 머리카락, 약간 초라한 차림을 한 분이었을 것 같다고 적고 있다. 주님은 당시에 특별한 외모로 사람들의 주목을 끄신 분은 아니었다. 한데 엔도 슈샤쿠는 유대 사람들이 주님께 "당신은 아직 나이가 쉰도 안 되었는데"(요 9:57)라고 한 말에 주목한다. 이를 여러 가지로 해석할 수 있다고 한 그는 "아마도 예수는 나이보다 늙어 보였던 듯"한데, 그것은 주님이 "고뇌의 빛"을 띠고 있었음을 뜻하는 것일지도 모른다고 하였다. 나아가 그 고뇌는 당시 억압당하던 이웃의 고통과 불평등한 사회현실에서 비롯하였고, 당신의 기도와 현실 사이의 격차를 절감하였기에 주님의 "용모는 사촌들보다 늙어 보였고 때때로 고뇌의 빛을 띠었을 것"이라고 덧붙였다. 문득 세상을 향한 '고뇌의 빛'이 담긴 주님의 눈빛과 표정이 눈앞에 보일 듯하다.

'긍정'이라는 기호 속에 '고뇌의 빛'을 간직한 영혼이 외면되고, 삶의 무늬로 새겨질 얼굴조차 허영과 모방의 전시장이 되어간다. 그러나 "각박한 체계 속에서도 차마 말할 수 없는 영혼을 키워가는 게 인간인 것처럼, 사람의 얼굴도 허영과 모방의 틈새를 뚫어내면서 저 자신의 모습을 키워가는 법"(김영민, 『자본과 영혼』)임을 잊지 말아야 한다. 누군가 그리스도인의 얼굴에서 예수를 볼 수 없고, 아니 예수의 자취를 조금도 발견할 수 없다면 어떻게 될까. 이 물음을 독실한 자계自戒로 삼아 주님이 행하신 일을 지며리 따라 행하면 우리의 '얼굴'도 어느 날 자신도 모르는 사이 주님의 얼굴을 닮아 있지 않을까.

이지훈은 『존재의 미학』에서 '예수의 예술적 의미'와 '얼굴'을 이야기한다. 그가 예로 든 호손의 『큰 바위 얼굴』의 주인공 어니스트는 큰 바위 얼굴을 보며 자라 마침내 그 얼굴을 닮게 되었다. 어니스트가 참으로 큰 바위 얼굴을 닮았다는 근거는 '인자함과 다정함, 넓고 지혜로운 마음' 그리고 '이 마음을 닮은 표정'이었다. 큰 바위 얼굴과 어니스트의 얼굴에서 예수의 이미지를 떠올린 그는 이렇게 반문한다. "사상과 일치된 삶, 헌신적인 삶 그리고 이 삶이 배어나는 얼굴은 설령 겉모습이 닮지 않았다 해도 모두 예수의 얼굴을 닮은 것이 아닐까요?"

이제 그리스도인은 더 이상 자신 밖의 누군가를 닮으려고 아등바등하지 않는다. 선을 힘써 행하여 마침내 아름다움이 그 가운데에 가득하신 주님의 얼굴을 닮으려고 한다. 그리스도인은 마음속에 주님

을 거룩히 모시고 선을 힘써 행한다. 어쩌면 그리스도인의 아름다움
이란 힘써 선을 행하는 길에 주님께서 내려주신 은총과도 같은 것이
아닐까.

> … 여러분이 열심히 선한 일을 하면, 누가 여러분을 해치겠습니
> 까? … 다만 여러분의 마음속에 그리스도를 주님으로 모시고 거
> 룩하게 대하십시오. 여러분이 가진 희망을 설명하여 주기를 바라
> 는 사람에게는, 언제나 답변할 수 있게 준비를 해 두십시오. 그러
> 나 온유함과 두려운 마음으로 답변하십시오. … 하나님께서 바라
> 시는 뜻이라면, 선을 행하다가 고난을 받는 것이, 악을 행하다가
> 고난을 받는 것보다 낫습니다(벧전 3:13-17).

9장

참된 근심과 즐거움

先天下之憂而憂
선천하지우이우
後天下之樂而樂歟
후천하지락이락여

천하 사람들보다 먼저 근심하고, 천하 사람들이 즐거워한 후에 즐거
워할 것이다.
先天下之憂而憂 後天下之樂而樂歟

- 범중엄, 「악양루기」(岳陽樓記)

북송北末 인종仁宗의 신임을 얻어 참지정사參知政事로 발탁된 후, 이른바 경력신정慶曆新政을 단행하며 개혁을 추진해가던 범중엄(范仲淹, 989~1052). 학문과 정치 사이에서 두터운 인망으로 따르는 이가 많던 범중엄은 국가개혁의 최전선에서 특권을 통한 관료임용 금지와 축소, 백성의 세역 경감, 관료조직 개선, 과거제도 변화, 학교설립과 공정한 인재선발제도 완비에 진력하고자 했다. 그러나 개혁은 오래지 않아 좌절되었고, 그는 등주(鄧州, 지금의 하남성河南省 등현鄧縣)로 좌천되었다.

어느 날 파릉(巴陵: 현재의 악양) 태수 등자경(滕子京, 990~1047)이 〈악양루만추도〉(岳陽樓晩秋圖)를 보내왔다. 등자경은 범중엄과 같은 해에 진사가 된 뒤로 오랜 교우를 맺어온 인물이다. 그런 그가 공금을 낭비한 혐의를 받아 괵주虢州 지사로 좌천된 후 파릉의 태수로 부임한 지 두 해가 지난 1046년. 오래되어 낡은 악양루岳陽樓를 다시 수리한 등자경은 범중엄에게 기문記文 집필을 부탁하는 사연과 함께 그림 한 폭을 보내왔다.

범중엄은 〈악양루만추도〉를 보며, 가보지 못한 아쉬움을 달래었다. 악양루를 둘러싼 경관을 마음속에 그려 보았다. 그림만을 보아도 악양루와 주변의 풍광이 자연스레 떠올랐다. 악양루에서 내려다보이는 동정호가 그의 마음에 들어왔다. 호남성湖南省 악양현岳陽縣에 동정호洞庭湖의 절경을 조망할 수 있는 자리에 터한 악양루…. 그 빼어난 경치가 고스란히 담긴 동정호가 먼 산을 머금고, 장강長江을 삼켜 넘실넘실거리는구나. … 악양루에 오르면 사람들은 저마다의 처지에서 감정이 격동함에 따라 슬퍼하기도 하고, 마음이 넓어지고 편안해져 세상의 영욕을 모두 잊을 수 있으니 그 기쁨은 한없이 크고 크리라. …

범중엄은 붓을 들었다. 늘 그래왔듯 벼루에 붓을 적시기 전 호흡을 가다듬었다. 정치인이자 관료로서 지녀야 할 마음가짐을 담고 싶었다. 파릉의 태수로 부임하고 나서 안정을 찾아가던 등자경에게 어슷비슷한 덕담을 나누고 싶지는 않았다. 악양루에서 내려다보이는 동정호의 풍광을 찬탄하는 것만으로 글을 채우고 싶지도 않았다. 붓 가는 대로 쓰자면 쓸 수 있었다. 그러나 범중엄은 제도 개혁에 앞장선 정치가이면서 자신이 쓰는 글을 삶에 비추며 도道의 뜻을 새겨온 학자이자 문인이었다.

정치를 하는 자, 공직에 있는 관료는 어떤 마음을 품어야 하는가. … 범중엄은 파란 많은 자신의 생을 돌아보며 상념에 잠겼다. 인종의 신임을 받아 개혁을 단행하려고 힘을 기울였지만 개혁은 한 사람의 의지만으로 성취되는 것이 아님을 범중엄은 누구보다 잘 알고 있었다. 지위를 잃으면 새로운 개혁안을 내어놓아도 관행에 밀려 별무소용이 된 경우를 얼마나 많이 보아왔던가. 그는 오래도록 담아둔 마음 자락을 붓끝에 실었다.

내가 옛 인자(仁者)의 마음을 살펴본 바, 그의 마음은 악양루에서 본 아름다운 경관을 슬퍼하거나 즐거워하는 사람들의 마음과는 달랐으니 무슨 까닭인가? 인자는 외물(外物) 때문에 기뻐하지도 않고 자기 한 몸의 일 때문에 슬퍼하지도 않는다. 조정의 높은 자리에 있을 때는 백성을 걱정하고, 물러나 강호에 살면 임금을 걱정했으니 이는 나아가서도 걱정하고 물러나서도 걱정한 것이다. 그러니 어느 때에 즐거워할 수 있었겠는가? 인자는 분명 '천하 사람들보다 먼저 근심하고 천하 사람들이 즐거움을 누린 뒤에야 즐거움을 누리리'라 말할 것이다.

범중엄의 근심(憂)은 사적 욕망을 채우는 데에 있지 않았다. 그의 근심은 길을 잃은 시대(天下無道), 길을 근심하고 도모하던 공자의 근심에 맞닿아 있다. 인자는 진정으로 근심해야 할 것이 무엇인지 알기에 인仁의 실현을 향한 희망을 버리지 않는다. 인이란 그것의 존재를 없앤다 해서 사라지는 물건 같은 것이 아니다. '근심'에는 인이 실현되지 않는 세상에서 인을 실현하고자 힘쓰고 애쓰는 마음이 담겨 있다. 그러니 나라와 백성을 향한 '걱정과 근심이 없는' 정치인과 관료가 어떻게 공인公人이라고 할 수 있겠는가!

그렇다고 하여 범중엄이 악양루의 아름다운 풍광을 뒤로 한 채, 도학자연 정색하고 글을 쓴 것은 아니었다. 안팎의 일로 일희일비하지 않고 백성을 위해 슬퍼하며 근심할 줄 아는 자, 그래서 지금 당면

한 문제를 해결하고자 노심초사 계획을 세워 실행하며, 한 몸의 평안과 욕망을 뒤로할 줄 아는 그릇 큰 인물. 그런 인물이 드문 현실이었기에 범중엄은 악양루에서 내려다보이는 절경을 묘사한 뒤에 자신의 마음을 인자의 마음에 기대어 드러내고자 한 것이 아닐까.

제자 번지樊遲가 인에 대해 공자에게 묻자, 공자는 어려운 일을 우선하고 이득을 뒤로 한다면 인하다고 할 만하다(先難後獲, 可謂仁矣. 『論語』「雍也」) 했다. 공직을 맡은 자의 마음은 이러해야 하지 않을까. 이는 그의 어깨에 과중한 짐을 지우려는 것은 아니다. 북송시대 개혁가 범중엄은 개인의 사욕을 채우려 들지 않고 세상 사람들의 문제와 고통이 무엇인지 먼저 걱정하고 가슴으로 느낄 줄 아는 사람, 자신의 자리에서 굳어진 관행을 고쳐가고 세상 사람들이 안정을 얻어 즐거워한 뒤에야 즐거움을 누리려는 사람이 펼쳐갈 정치를 열망했다.

예수께서 서신 삶의 자리에서는 로마제국의 강고한 지배에 저항하던 반란과 메시아 운동이 끊임없이 일어나고 있었다. 헤로데의 아들 안티파스에 동조하는 예루살렘의 성직자 집단들과 귀족들의 부는 늘어갔지만 소작농으로 살아가야 하는 이들의 삶은 황폐해져가고 있었다. 그들의 고통스런 삶은 주님 자신의 삶이기도 했다. 로마제국의 질서가 오히려 억압과 착취를 당하고 있던 민중들에게는 무질서의 세계였고 하나님 나라를 파괴하는 체제였다(리차드 호슬리, 『예수와 제국』).

주님은 단순한 '지혜교사'가 아니었다. 그분을 지혜교사로만 축소한다면 주님의 분노와 저항, 동시대인들과 나눈 고민, 그들을 위해 바친 기도와 눈물은 무엇일까. 주님은 당신이 서신 삶의 자리에 철저한 분이었다. 주님은 로마제국 아래 자행된 정치경제적 착취와 불평등을 어린 시절부터 보고 듣고 몸소 겪어 알고 계셨다. 주님의 가장 커다란 근심은 '하나님 나라'의 도래를 지연시키는 로마 지배체제의 억압과 착취 구조에 갇혀 신음하는 민중들의 삶이었다. 소농민 대부분이 생존 자체를 걱정해야 하는 반면, 대지주 귀족들은 기뻐하며 사치스럽게 대사유지에서 살았던 시대, 부를 독점한 소수 상류계층과 가난한 사람들 사이의 격차는 엄청난 것이었다(뷜리발트 뵈젠, 『예수시대의 갈릴래아』). 로마의 정치체제가 영원하길 바란 지배계층은 자신들의 즐거움을 먼저 앞세워 사람들의 고통에 눈감았고, 실질적인 대책을 마련하지 않았다. 그들은 세상에 대해 근심과 걱정이 없었다. 그들만의 세상에서 안주할 성城을 쌓고 있었기 때문이다.

그리스도인은 무엇을 근심해야 하는가. 주님이 살아내신 삶의 현실을 응시하지 않고, 그분이 견뎌낸 삶의 자리를 떼어낸 채 말씀만 취하려 한 스스로가 부끄럽기만 하다. 당신이 계신 삶의 자리에서 사람들의 마음을 굳건하게 하시고, 그들의 부르짖음에 귀 기울이신 주님. 『시편』의 기도가 오늘 삶의 자리에서 무엇을 먼저 근심하고 걱정해야 할 것인가 물으시는 주님의 음성으로 들리는 듯하다.

불쌍한 사람이 억눌림을 당하고, 가련한 사람이 폭력에 쓰러집니다. … 주님, 주님께서는 불쌍한 사람의 소원을 들어주십니다. 그들의 마음을 굳게 하여 주시고, 그들의 부르짖음에 귀 기울여 주십니다. 고아와 억눌린 사람을 변호하여 주시고, 다시는 이 땅에 억압하는 자가 없게 하십니다(시 10:10, 17-18).

10장

만물 속에 깃든 생명

崖_애广_암陰_음滲_삼漉_록　千_천年_년苔_태色_색錄_록

自_자家_가知_지一_일般_반　生_생意_의無_무拘_구束_속

절벽 암자 그늘져 습기가 축축하니 천고에 이끼는 빛이 푸르네.
나 역시 그와 같아 생의에 구속이 없네.
崖广陰滲漉 千年苔色錄 自家知一般 生意無拘束

- 서경덕, 「이끼를 읊다」(詠苔)

어느새 슬몃슬몃 다가온 늦가을 날, 해거름 무렵 산책 길, 화담花潭 서경덕(徐敬德, 1489~1546)은 절벽 암자의 그늘진 곳을 바라보고 있었다. 그동안 무심히 지나쳐온 구석이었다. 그늘져 습기로 젖은 곳에 자리 앉은 푸른 이끼가 눈에 들어왔다. 어린 시절부터 사물을 보면 골똘히 생각하는 버릇이 여전했던 화담은 이끼를 유심히 눈여겨보았다. 자세히 볼수록 이끼의 푸른 빛깔이 선명하게 시야에 들어왔다. 한참을 들여다보던 화담은 잠시 눈을 감았다. 얼굴에 잔잔한 미소가 번졌다. 문득 이끼에 이루 말할 수 없는 친화감을 느꼈다. 살려는 의지에는 저 이끼와 내가 매한가지 아닌가. 무엇이 다른가. 이끼와 내 생명의 의지를 그 어떤 것이 구속할 수 있겠는가!

화담은 언젠가 "나를 잊고 사물을 사물 그 자체로 보니 마음이 어딜 가든 스스로 맑고 따뜻"(到得忘吾能物物, 靈臺隨處自淸溫)함을 경험했다. 그래선지 화담에게 이끼는 예사로운 미물로 드러나지 않았다. 그 안에 자연의 의지를 품은 귀한 생명으로 다가왔다. 화담이 간직한 마음의 청온淸溫이 자연만물에 깃든 생명을 온몸으로 실감하게 한 것일까. 화담은 모든 만물이 제자리를 얻어 타고난 본성을 지키고 머묾(止)을 중요하게 여겼다. 만물이 저마다 자신의 본성을 회복하듯 인간도 욕망에 사로잡힘 없이 본성을 회복할 수 있길 바랐다.

화담은 북송의 주돈이(周敦頤, 1017~1073)가 창 앞의 풀을 베지 않았다는 일화가 떠올랐다. 누군가 주돈이에게 왜 풀을 베지 않느냐고 묻자 그는 풀이 자라나려고 하는 것은 나의 의지와 같기 때문이라고 답해주었다(『程氏遺書』). 화담은 푸른 이끼를 바라보며 어떤 존재도 생명의 힘(生意)을 지니고 있다는 것을 자각했고, 주돈이도 풀을 보며 생명의 힘을 실감했다. 화담은 세계를 기(氣)로 충만한 태허太虛로 표현했다. 화담은 기가 모여 생명을 이룬 만물에는 모두 살려는 의지, 생명이 숨 쉬고 있다는 것을 깊이 깨달았다.

그러고 보면 화담은 푸른 이끼를 통해 자신과 같은 인간을 응시한 것인지도 모른다. 나 역시 이끼처럼 이 세계 속에서 삶을 살아간다. 만물 안에는 타고난 생명을 온전히 하려는 의지가 면면히 숨 쉰다. 그뿐인가. 모든 존재에 위계란 없다. 생명에는 높낮이가 없으며 만물은 존중되어야 한다. 만물은 모양만 다를 뿐 모두 자신의 본성을 온전히 이루려는 생명력을 간직하고 있지 않은가. 화담은 자신의 살려는 의지와 이끼의 살려는 의지를 다른 것으로 여기지 않았다. 화담은 생명의 의지로 가득한 세계에서 만물은 함께 살아가고, 세계는 끊임없이 생성변화한다는 것을 알았기 때문이다.

이러한 화담 서경덕의 만물일체의 사유는 자연을 마주하는 동아시아인의 마음과 정서를 이루는 뿌리였다. 존재의 그루터기에서 보면 자연과 인간은 본래 차등이 없고 차별이 있을 수 없는 것이었다. 푸른 이끼에서 생명의 힘과 교감한 서경덕의 마음 그리고 창 앞의 풀을 베지 않으려고 한 주돈이의 일화를 떠올리며 오늘 생태계의 문제를 생각하지 않을 수 없다. '하나님의 형상'으로 지음 받았는데도 인간은 만물과의 교감을 상실한 채 생태계를 절박한 위기로 몰아넣었다. 독일 시인 아르님 유레는 반어反語의 시로 환경파괴 주범인 인간의 탐욕과 생태계 현실을 다음과 같이 일깨운다.

나의 하느님! 솔직하게 말씀드립니다
당신의 이름이 이처럼 값싼 것이 되다니요
어찌하여 당신은 사람을 그토록 강한 존재로 높여 놓으셨단 말입니까?
어찌하여 당신은
당신의 아름다운 혹성 위
흙과 영으로 빚으신 아담의 자손, 사람에게
만물을 다스릴 권한을 주셨단 말입니까?
어찌하여 당신은 사람의 손에 당신의 작품인 그 혹성을 맡기셨단 말입니까?
새들, 물고기들, 대지, 숲
이 모든 생명이 이미 사람에게 약탈된 물건이 되었습니다
사람은 자신에게 필요한 것만을 길러냅니다
모든 것을 시장 가치로 값을 매기고
길들이고, 도살하고, 걸러내고, 증류합니다
동물원에는 마지막 야생 동물을

마지막 종으로 전시해놓습니다

(〈아직 태어나지 않은 아이들이 알람을 울린다〉 시편8)

시인은 신에게 왜 인간에게 만물을 다스릴 권한을 주었냐고 반문하고 원망과 탄식을 쏟아놓는다. 물론 시인의 반문 속엔 신을 향한 직접적인 원망보다 만물공생의 그물을 끊어놓은 인간의 탐욕에 대한 깊은 절망이 담겨 있다. 인간은 지구의 손님임을 망각하고 스스로 주인이라 자처하며 자연을 시장으로, 만물을 상품으로 만들어버리고 말았다. 위 시를 『나무여, 너의 안부를 묻는다』에서 소개한 독문학자 송용구는 리젤로테 촌스의 시 〈고발〉의 표현대로 하나님의 형상이라면서도 '모든 것을 먹어치우는 자', '형제를 살해한 자'인 '사람'이 "하나님에게서 선물로 받은 이성理性을 하나님의 본질인 사랑을 실천하는 데 사용하지 못하고 탐욕을 채우기 위해서만 사용"했다고 비판한다.

인간 탐욕의 시장이 되고만 지구촌의 현실을 염려할수록 『창세기』 1장의 창조 이야기가 더없이 소중하게 다가온다. 천지창조를 기록한 기자는 "하나님 보시기에 좋았다"라고 되풀이해 적은 다음, 하나님께서 마지막 창조를 마치시자 "하나님이 손수 만드신 모든 것을 보시니, 보시기에 참 좋았다"(창 1:30)라고 끝을 맺었다. 모든 만물이 하나님 보시기에 참 좋았다는 말씀에서 "하나님 보시기에"란 구절이 마음에 계속 머문다. 한 생태신학자에 따르면 모든 만물이 하나님 보시기에 좋았다는 것은 하나님 중심의 관점에서 자연을 바라봐야 함을 의미한다. 이는 인간이 인간중심의 관점으로 자연을 도구화하는 것을 경계하고 자연과 공생하도록 하나님의 부름을 받은 청지기임을 일깨워준다(조현철, 『생태신학의 이해』).

주님께서 불어넣어 주신 생명의 영으로 만물은 살아간다. 인간도 조금도 다를 바가 없다. 주님이 호흡을 거두어가시면 만물은 흙으로 돌아가고 주님이 당신의 영을 불어넣어 주시면 다시 생명을 얻는다. 그리스도인은 생명의 주인이 주님이심을 깨달은 사람이다. 그리스도인은 "땅의 모습을 다시 새롭게 하시는" 주님의 부르심을 따라 세상이 하나님 보시기에 좋은 곳으로 변화되도록 힘을 모아야 할 책임이 있다. 만물에 깃든 생명이 살아 숨 쉬는 세상, 하나님 보시기에 좋은 세상은 어떤 모습일까를 그리며 시편의 노래가 오늘 우리의 노래가 되길 기도드린다.

"주님은, 골짜기마다 샘물이 솟아나게 하시어, 산과 산 사이로 흐르게 하시니, 들짐승이 모두 마시고, 목마른 들나귀들이 갈증을 풉니다. 하늘의 새들도 샘 곁에 깃들며, 우거진 나뭇잎 사이에서 지저귑니다. 누각 높은 곳에서 산에 물을 대주시니, 이 땅은 주님께서 내신 열매로 만족합니다. 주님은, 들짐승들이 뜯을 풀이 자라게 하시고, 사람들이 밭갈이로 채소를 얻게 하시고, 땅에서 먹거리를 얻게 하셨습니다. 사람의 마음을 즐겁게 하는 포도주를 주시고, 얼굴에 윤기가

나게 하는 기름을 주시고, 사람의 힘을 북돋아 주는 먹거리도 주셨습니다. 주님께서 심으신 나무들과 레바논의 백향목들이 물을 양껏 마시니, 새들이 거기에 깃들고, 황새도 그 꼭대기에 집을 짓습니다. 높은 산은 산양이 사는 곳이며, 바위틈은 오소리의 피난처입니다. 때를 가늠하도록 달을 지으시고, 해에게는 그 지는 때를 알려 주셨습니다. … 주님께서 호흡을 거두어들이시면 그들은 죽어서 본래의 흙으로 돌아갑니다. 주님께서 주님의 영을 불어넣으시면, 그들이 다시 창조됩니다. 주님께서는 땅의 모습을 다시 새롭게 하십니다"(시 104:10-19, 29-30).

11장

새로운 존재

湯탕之지盤반銘명曰왈

苟구日일新신

日일日일新신

又우日일新신

탕의 반명에는 이렇게 새겨 있다. 진실로 어느 날에 새로워진다면 날마다 새로워질 것이며 더더욱 날로 새로워질 것이다.

湯之盤銘曰 苟日新 日日新 又日新

－『대학』(大學)

아, 참으로 바뀌지 않는구나! 오늘도 주희(朱熹, 1130~1200)는 참을만한 일인데도 뻣성을 내고만 자신이 부끄러웠다. 오랜 세월 학문을 해왔으면서도 버럭 분노를 폭발하고 후회하는 스스로를 참지 못했다. 그래 두주를 불사한 적도 잦았다. 친구 장식張栻은 과음을 충고하기도 했다. 작시作詩로 노기를 달래고 취흥을 살리기도 했다. 홀로일 때는 성인군자처럼 보여도 견해를 조금만 달리하면 상대에게 공격적인 편지를 써서 불화를 낳는 일이 잦았다. 주희는 이런 자신을 좀처럼 받아들이기 힘들었다. 학문을 통해 진리를 궁구한다면서도 왜 자신은 변화되기가 이토록 힘든 것인지 우울이 밀려왔다.

기질을 근본적으로 바꾼다(變化氣質)는 것이 난망한 일인 줄 알면서도 자분자분 경전을 풀어갔다. 때로 도적을 쫓듯 읽기도 했다. 미력을 오래 집중하는 길에 자신의 기질도 바뀌겠거니 기대했다. 그것이 공부의 목적이라고 배우고 가르치지 않았는가. 그렇게 지내온 시간이 또 얼마인가. 그런데도 타고난 기질은 바꾸기가 힘들단 말인가! 공자는 사람의 본성은 서로 비슷하나 후천적인 습관과 환경의 힘으로 달라진다고 하지 않았는가. 주희는 노력하면 자신이 바뀔 수 있을 것이라 믿었다. 인간의 본성은 선하다고(性善) 맹자의 말을 붙잡았다. 그러나 그렇다면 왜 악이 발생하는지를 밝혀내야 했다. 기질지성氣質之性을 내세운 까닭도 이런 고민 때문이었다.

주희는 기질 변화를 목적으로 삼았던 선배들의 주장을 자신의 것

11장・새로운 존재

93

으로 삼기가 힘들었다. 호승심이 발동하면 상대방의 약점과 고칠 곳만 보였다. 비판해 뜯어고치고 싶었다. 자신은 바꾸기 어려우면서도 다른 사람을 바꾸어보려고 하는 모순으로 괴로웠다. 원래 사람은 자신이 하지 못하는 것을 타인에게 투사하는 법인가. 서원書院에서는 제자들과 인간의 마음과 본성, 욕망이라는 난문을 문답하며 인의예지仁義禮智를 설파하고, 경에 머물고 이치를 끝까지 탐구하라(居敬窮理), 천리를 보존하고 인욕을 없애라(存天理去人欲) 제자들에게 쉼 없이 강론하면서도 정작 자신은 지행합일知行合一의 벽 앞에서 언제나 막막했다. 그래서 맹자는 선생 노릇 하길 좋아하지 말라고 했던가. 자성自省이 자책自責으로 떨어져서는 안 된다고 제자들에게 말했건만 자신은 회오의 나락에 떨어지는 경우가 잦았다.

주희는 『대학』에 주석을 달면서 뼈아프게 자신을 돌아보았다. 새로운 삶으로 나아가라(苟日新, 日日新, 又日新)는 글귀가 자신의 마음을 읽어내는 듯했다. 되읽을수록 날마다 새로워져야 한다는 탕 임금(상商나라를 연 군주)의 마음이 실감되었다. 글을 따라 의미를 풀려고(隨文解義) 힘써 글귀를 되씹었다. 탕 임금도 세상의 변화를 원한다면 자신부터 바뀌어야 한다는 것을 알고 말씀을 새기셨겠지. 아침마다 몸을 씻은 까닭이 거기에 있었을 거야. 욕조에 들어갈 때마다 하루의 삶을 시작하는 마음을 다잡았겠지. 때 묻은 마음을 씻고 싶었을 것이고. 몸의 때가 씻겨가듯 마음의 때가 씻기길 바라지 않았을까. 그러나 아무리 탕 임금이라 해도 자신과 한 약속을 지키지 못하면 자책도 심해졌겠지. 나도 욕조를 볼 때마다 이 한 줄을 새겨두자. 날마다 새롭게 하고 또 새로워져야 한다. 그렇다. 탕 임금은 사람들과 세상을 새로이 바꾸어가려면 내가 먼저 새롭게 바뀌지 않으면 안 된다고 생각했을 것이다.

주희는 탕 임금이 욕조에 명(銘)을 새긴 뜻에 공명하게 되었다. 명은 반(盤, 대야나 그릇)에 이름이나 내용을 새겨 자신을 경계하는 글이 아닌가. 주희는 마음의 때를 깨끗이 씻어내려고 한 탕 임금의 절실한 마음이 다가왔다. 진실로 날마다 오래 묵고 더럽혀진 때를 씻겨내 스스로 깨끗한 사람이 되어야 한다. 새로워진 자신이 다시는 욕망에 더럽혀지고 물들지 않도록 날마다 더욱 새롭게 마음을 닦아내어야 한다. 이처럼 기질 변화를 학문 구도의 목적으로 삼았던 주희의 길은 그만의 것이 아니었다. 동아시아 철학자들이면 예외 없이 짊어진 고통스러운 짐이었다. 그러나 그 짐이 있었기에 그들은 깊은 혜안을 품고 오랜 길을 걸어갈 수 있었다. 그들은 빠른 길을 찾지 않았다. 성현의 말씀을 거울삼아 욕망을 응시하며 마음의 때를 씻어가는 긴 공부 길을 걸어갔다.

얼마 남지 않은 달력의 날수를 보며 옛 선인의 마음을 움직인 『대학』의 구절을 되살핀다. 그리스도인은 묵은 때를 씻어 새로워지려는 꿈을 어떻게 기약할 수 있을까. 바울 사도는 새로워진 그리스도인 됨의 놀라움을 이렇게 고백한다. "누구든지 그리스도 안에 있으면, 그는 새로운 피조물입니다. 옛것은 지나갔습니다. 보십시오, 새것이 되었습니다. 이 모든 것은 하나님에게서 났습니다"(고후 5:17-18). 그리스도 안에 있으면 새로운 존재가 된다는 것, 새롭게 된 모든 것이 하나님에게서 났다는 것이 그에게는 얼마나 큰 감격과 은총으로 다가왔을까. 나는 바울 사도의 말씀 앞에 무덤덤하지 않았는가. 그리스도인 됨의 경이와 기쁨을 잊고 살아온 자신을 돌아본다. 주님은 욕망에 물든 마음의 때를 걷어내어 우리가 세상을 당신의 마음으로 경험하길 원하시고 계시지 않을까. 당신께 온전히 우리를 맡겨 새로운 존재가 되길 바라지 않으실까.

주님 안에서 새로이 거듭난 사람은 "영혼의 눈에 끼었던/ 무명無明의 백태가 벗겨지며/ 나를 에워싼 만유일체萬有一體가/ 말씀임을 깨닫"(구상, 〈말씀의 실상〉)는다. 세상 만물 속에 드러난 모든 것이 주님의 말씀임을 깨닫는 순간 주님이 언제나 당신을 나타내시고, 말씀하고 계신다는 것을 알게 된다. 그리스도인에게 이보다 더 큰 기쁨이 어디 있을까! 주님이 늘 말씀하고 계심을 경험하고 기쁨으로 누리지 못한다면 나는 여전히 '옛것'으로 머물러 있을 것이다. 그리스도인에게 '새것'이 되는 길은 오직 주님 안에 있다. 우리는 그 길을 굳게 믿고 걸어가야 한다. 우리가 '새것'이 되어 우리를 통해 세상을 새롭게 변화시키기를 북돋우시는 주님. 한 해 동안 부어주신 주님의 은총에 감사하며 새해를 기다리는 시간, 언젠가 수첩에 적어 놓은 함석헌 선생의 기도를 마음에 새겨본다.

> 하늘에 계신 아버지여, 우리가 이 세상에 나온 것은 당신이 우리를 통해 드러내실 것이 있어서 이 세상에 내신 줄 압니다. … 우리의 누구 속에도 계시는 하나님, 어느 때나 우리를 지켜주시고, 우리 속에 심어진 씨를 더 키워서 아버지 보시기에 합당한 열매를 맺도록 하기 위하여 우리의 이성과 감정과 의지를 다 밝혀주시사 밝은 영혼이 될 수 있게 해주시기 바랍니다. 영원하신 주의 이름으로 기도합니다(함석헌, "기도", 『펜들힐의 명상』).

덧붙임 글

1. 구도와 순례로서의 독서를 실천한 옛사람의 숨결

오경웅(吳經熊) 지음/송대선 옮김, 『시편사색』을 읽고

1. 그리스도인이면 누구나 『시편』의 한두 편을 외우거나 아니면 몇 구절이라도 암송하는 구절이 있을 듯합니다. 저도 어린 시절 교회에서 『시편』 1편과 23편을 외우곤 했습니다. 그러나 시간이 흐르면서 『시편』은 제게 어떤 불편함과 곤혹감을 안겨주는 책이 되었고, 그래서 멀리한 적도 있습니다. 까닭은 시인의 탄식과 원망 속에 선인/악인, 나는 옳고 너는 그르다, 타인을 향한 분노와 상대방을 적대하는 표현이 자주 등장했기 때문입니다(『시편』의 표층만을 본 사람의 부끄러운 고백입니다).

2. 그러나 어느 날부터인가 『시편』을 한 편 한 편 다시 읽어나갔습니다. 무겁고 지친 마음 때문일까, 『시편』이 제 마음을 그대로 대신 말해주고 있는 듯했습니다. 『시편』에 이끌리어 책을 찾다 C.S. 루이스의 『시편사색』과 김기석 목사님(청파교회)의 시편 묵상이 담긴

『행복하십니까, 아니오 감사합니다』를 만났습니다. 김기석 목사님의 시편 묵상을 읽어가는 동안 『시편』은 어느덧 제 마음의 강변으로 점점 흘러 들어왔고, 인간의 정직한 아픔과 호소, 어디에도 마음 둘 곳 없는 자, 바닥으로 내려간 자의 절절한 탄식이자 기도로 다가왔습니다.

3. 이렇게 『시편』과의 만남이 이어지는 동안, 무더위가 찾아오는 계절, 귀한 손님을 만났습니다. 다름 아닌 송대선 목사님의 옮김과 풀이가 담긴 중국의 법철학자 오경웅(吳經熊, John C.H.Wu, 1899~1986) 선생의 『시편사색』입니다. 출간 소식을 듣자 먼저 기쁨과 반가움이 겹쳤습니다. 학부 시절, 목사로서 동양철학을 가르치신 현재弦齋 김흥호(金興浩, 1919~2012) 선생님의 강의 '선禪과 현대철학'에서 읽은 텍스트가 오경웅 선생의 『선禪의 황금시대』였기 때문입니다. 이후로 선생의 자서전 『동서의 피안』도 졸업을 앞두고 읽으면서 그분 영혼 속에 스며든 그리스도교의 진리와 향기가 어떻게 고백되었는가를 알게 되었습니다.

4. 오경웅 선생은 스스로 "하느님의 말씀을 잘 듣는 아이"(『동서의 피안』)라고 고백한 분입니다. 그러나 그런 고백이 있기까지 겉으로 드러난 삶과 달리 그의 이면의 삶은 가파른 고개들을 넘고 있었습니다. 그는 남부러울 것 없는 겉사람의 삶을 살아가고 있었지만, 그의

속사람이 썩어 감을 속일 수는 없었습니다.

　5. 시는 마음의 소리라고 했습니다. 책을 읽어가는 동안, 오경웅 선생이 자신의 마음의 소리를 『시편』 속에서 들은 것은 아닌가 싶었습니다. 공자는 '시詩'(『시경』) 삼백 편을 '생각에 간사함이 없다'(思無邪)는 한마디로 요약했습니다. 인간의 솔직한 속내를 담은 노래에 도덕적인 평가를 내리지 않고, 있는 그대로의 마음을 귀하게 여긴 그였기에 나온 말이라 생각합니다. 전통시대 동양의 문인과 철학자들이 누구나 시를 쓰고, 현실의 세계에 이루지 못한 꿈과 열망, 한과 고통, 속절없는 삶의 허망을 시를 통해 드러낸 까닭도 이러한 공자의 마음에 잇닿아 있는지 모르겠습니다.

　6. 『시편사색』을 펼치면, 동양의 전통 학문과 서학西學의 세례를 고루 받은 오경웅 선생의 정신에 동양고전의 세계가 얼마나 깊게 배어있는가, 그 온축이 느껴집니다. 그러나 그는 동양고전의 세계, 유불도 삼교를 받아들이면서도, 그리스도교는 '동서東西와 신구新舊를 초월'하고, 그리스도께서 "내 생활의 통일을 이루어주시는 본질"이라고 고백합니다(『동서의 피안』). 그런 그가 신의 은총을 입은 자만이 옮길 수 있는 언어로 『시편』을 한 자 한 자 한문으로 옮기고 새겨 넣었습니다. 하여 선생의 학문과 신앙의 깊이가 오롯한 『시편사색』에는 동양의 방대한 고전들이 녹아있습니다. 그것을 풀어놓지 않으면 『시

편사색』의 의미가 드러나지 못할 수도 있었을 것입니다. 그런데『시편사색』의 출전과 관련된 고전들을 역자 송대선 목사님이 빠짐없이 찾아내어 제시하였고, 아울러 당신의 사색의 고갱이를 곳곳에 실어 놓았습니다. 목사님의 해설을 읽는 동안, 오래 묵히고 삭이지 않으면 나올 수 없는 글임을 책의 어느 쪽을 펼쳐보아도 쉬이 알아차릴 수 있었습니다.

7. 부족하나 저는 10여 년째 신학대학에서 동양철학과 고전을 강의해오면서 어떻게 하면 동양의 언어로 하느님의 뜻과 말씀, 은총을 표현할 수 있을까를 모색해왔습니다. 동양철학자로서 목회자가 될 제자들, 목회자, 넓게는 그리스도인을 위한 책들을 구상해왔습니다. 동양고전의 세계와 그리스도교 사이에 다리를 놓아 제자들 중 깊이 있는 목회자들이 나오기를 바랐기 때문입니다. 그런 바람에서 제자들에게 성경 옆에『논어』나『노자』,『주역』등 동양고전을 늘 곁에 두고 반복 낭독, 음미하길 권유하곤 했습니다. 언젠가『논어』를 성경 곁에 두고 읽으며 묵상한다는 제자들 이야기를 전해 들으며 큰 보람을 느꼈습니다. 그래서일까요,『시편사색』을 읽어가는 동안 미력이나 쓰고 싶었던 책의 한 모습을 미리 보는 듯해 신기하고, 저자와 역자에게 부러움과 존경의 염도 교차했습니다.

8. 그리스도인이자 동양철학자인 제가 받는 물음 중 하나는 그리

스도교는 당신에게 어떤 의미를 갖고 있는가라는 것이었습니다. 대체로 그러한 질문을 주신 분들은 동양, 특히 유학에서는 수신과 수양을 강조하고, 자기의 변화를 자신 밖에서 구하지는 않는다, 그런데 그리스도교는 하느님께 자신을 맡기는 것이니 기도가 강조되는 것이 아닌가라고 물었습니다. 그럴 때 저는 이렇게 답변하곤 했습니다. "그리스도교는 제게 인간의 유한함을 깊이 깨닫게 해주었습니다."

9. 『시편사색』에는 인간의 유한함과 하느님의 무한함이 드러납니다. 이 간극을 어떠한 언어로 채워 넣을 수 있을까. 부족하고 연약한 인간, 하느님 앞에 무릎을 꿇을 수밖에 없는 존재. 『시편사색』의 책장을 넘기면서 '생각하는 갈대'로서의 인간의 위대함을 보여주면서도 하느님 없는 인간의 비참을 토로한 과학의 천재, 압도적인 지성의 소유자였으나 하느님을 만나 기쁨의 눈물을 흘리며 회심한 파스칼이 떠올랐습니다.

10. 성서의 뜻을 밝히고자 동양고전을 맥락 없이 끌어와 현학을 면치 못한 책을 더러 본 적이 있습니다. 그러나 『시편사색』은 저의 염려가 기우에 불과한 것이었음을 확인하게 해주었습니다. 오경웅의 시편 번역이 방대한 동양고전의 세계에 출전과 전고를 두고 있음을 또렷하게 보여주면서, 앞에서도 비쳤듯이, 무엇보다 책장을 넘길 때마다 송 목사님이 동양고전의 알짬을 깊이 풀어낸 대목들을 만나

며 놀랐기 때문입니다.

11. 그러다 보니 책장을 넘기다 밑줄을 그은 대목들도 여럿입니다. 오경웅 선생의 고심을 드러내면서 송대선 목사님의 사색을 겹쳐 놓은 대목들에도 공명한 부분이 많았습니다. 때문에『시편사색』을 오경웅 선생과 송대선 목사님의 공저라고 말하고 싶어집니다. 저의 경우 송대선 목사님이 동양적 사유와 그리스도교를 비교하신 부분을 특히 주목하게 되었는데요, 다소 길지만 직접 음미해보시면 좋을 듯하여 아래에 옮겨보았습니다(저로서는 이러한 동양적 사유와의 비교가 단순한 비교로 그치지 않고, 송 목사님의 안목 속에 그리스도교 신앙의 깊이를 더욱 드러내었다고 생각합니다. 관견이나, 이 점이『시편사색』이 가진 여러 미덕 중 가장 귀한 점이 아닐까 합니다).

주님의 구원을 체험하고 그것을 되새기며 온전히 주의 뜻대로 행하게 되는 것! 이것이 믿음의 길이고 성장이다. 유학의 공부론과 비교해보자. 유학의 공부는 널리 배우고, 의심이 가는 부분을 자세히 물으며, 배워서 아는 것을 반성해서 그 생각에 신실하려 하며, 잘 분별하여 더 이상 의혹이 없게 되고, 독실히 힘써 실천하는 것, 즉 박학(博學), 심문(審問), 신사(愼思), 명변(明辨), 독행(篤行) 이 다섯을 공부라 한다(227쪽).
7절에서 오경웅은 하느님을 지성(至誠)이라 읊었다. … 동양적 사유의 장점은 하느님에 대하여 말하면서 사람이 능히 그려볼 수 있고 닮아갈 수 있는 언어를 찾고자 힘쓴 것인데 그 가운데 소중한 언어가 성(誠)이라 하겠다. 성(誠)은 충(忠, 이때의 충은 충성스러움보다 그 마음의 중심의 마음을 뜻하는 정직과 가깝다)과 정직이기에 그 근본에 거짓이 전혀 없음이다(290쪽).

히브리 시 80편은 유독 '만군(萬軍)의 주님'이라는 호칭이 자주 등장한다. 그런데 오경웅은 이 호칭을 피하고 있다. 고대 히브리적인 호칭이어서일까? 그가 믿고 의뢰하는 하느님을 전쟁의 신이라 부르는 것에 거리낌이 있어서인가? 그가 체험한 그리스도 신앙 안에서든, 그의 토양이 된 동양적 사유 안에서든 만군의 주님이라는 호칭이 자리 잡기 어려워 보인다. 하늘과 땅의 자연스러운 이치로 모든 만물을 생하게 하고 잘 기르며, 인생을 잘 교화하여 바르지 못한 것들을 버리고 참된 이치에 따라 살도록 돕는 것이 성인의 길이요 하늘의 길이라 여기는 사유가 있기 때문일 것이다. 유목민족의 사유와 농경민족의 사유의 차이라고 할 수도 있겠고 살아온 역사적 경험의 차이일 수도 있을 것이다(425쪽).

히브리 시인이 하느님의 의(義)에 대해 말하고 있다면 오경웅은 그러하신 하느님을 따르는 인생의 길을 안내한다. 유학의 사유에서 인(仁)은 언제나 거할 집(宅)으로 비유되고 의(義)는 걸어야 할 길(路)로 비유되곤 해서 안택정로(安宅正路)라고 하기도 한다. … 히브리 시인은 하느님의 사랑과 구원을 청하는데 오경웅은 이를 방택(芳澤)과 춘풍(春風)으로 번역하여 동양적 정서의 맛을 더한다(445쪽).

시인은 하느님 앞에서 그의 마음속 슬픔과 분노를 토해놓는다. 그는 이 모든 시련을 다 견뎌내면서도 남을 미워하지 않는 성인군자가 아니다. 그는 나약한 인간이다. 그 나약한 인생이 하느님 앞에서 자신이 속을 다 꺼내놓으면서 그는 점차 미워할 사람에게서 자비를 베푸시고 신원(伸冤)하시는 하느님께로 옮겨간다. 자신이 겪은 시련과 고난의 감정에서 자비하신 하느님의 손길로 눈길이 옮겨가는 것이 기도이다. 그런 의미에서 기도는 가장 연약한 인간의 모습이 여과 없이 드러나는 시간이 되고 은혜의 공간이 된다. 그에 반해 동양적 전통에서는 쉽게 드러낼 수 없는 진술이기도 하다. 오히려 도리에 맞지 않는 사람과 관계를 끊을 때 그 사람의 허물을 꺼내지 않고 덮는 것을 마땅히 여겼다. 시편의 기도가 하느님께 드리는 고발과 탄원이라면 동양적 기저에는 침묵 가운데 스스로 소화함이 있다. 어느 것이 옳고 어느 것이 그르다 할 수 없으니 잘 새길 일이다(578쪽).

오경웅은 5절과 7절에서 먼저 하느님께서는 당신의 말씀과 행위가 하나(知行合一)이신 분임을 역설하고 있다. … 송대 신유학에서 지식인이 배우고 아는 바대로 행하거나 살아내지 못하는 괴리와 모순을 어떻게 해결할 것인지 큰 논쟁거리였다. … 유학의 역사 속에서 오랫동안 논의된 주제를 오경웅은 신앙 안에서 풀어간다. 그는 이 시편을 통해 주님의 말씀을 따라 행함으로 즉 행하고서야 비로소 앎이 있다고 말한다(能行始有知, 585쪽).

도덕경적 사유가 유한한 것을 절대화하려는 인간의 어리석음과 유혹에 깨어있고자 한다면 성서적 사유는 그분의 거룩한 이름과 말씀에 오롯이 뛰어들어 그분의 은혜 안에서 자신의 한계를 넘어서고자 한다. 전자가 유한한 인간 자신을 물끄러미 바라보는 것이라면 후자는 그런 인간이기에 오롯이 투신할 영원을 사모할 수밖에 없음을 묘사하고 있다. 그런 의미에서 둘은 서로 멀리 있지 않다. 그렇게 오경웅은 이 시편의 제목을 그분의 이름과 말씀이라고 제목을 붙여 머뭇거리는 인생을 초대하였다(737쪽).

동양적 사유에서는 마땅한 결과로서 인과(因果)를 말하지만 오경웅은 이 시편의 이야기를 통해 인과는 하느님에 대한 신뢰에 다름 아니다. 눈앞의 왜곡된 현실이나 시인이 겪는 아픔에 휘둘리지 않고 이 모든 것을 끝내 바로잡으시는 하느님을 향한 신뢰를 인과로 표현하고 있다(748쪽).

동양적 사유에서 숙명에 대한 사유는 인생을 수동적으로 만드는 경향이 적지 않다. 그러나 오경웅은 이 숙명을 그러한 수동적 사유보다 하느님께서 정하신 뜻과 장차 이루실 역사로 풀고자 한다. 하느님의 계획이며 섭리이시다(786쪽).

12. 마지막으로『시편사색』을 읽어가는 동안, 동양의 전통적인 독서법이 체득된 책이구나 하는 느낌을 받았습니다. 오경웅 선생과 송대선 목사님의 음미吟味, 우유優游, 함영涵泳, 저작咀嚼, 잠심潛心, 숙독熟讀, 완색玩索…, 책을 읽는 내내 성현의 마음을 읽기 위한 구도와 순례로서의 독서를 실천한 옛사람의 숨결을 경험했습니다. 책장을 덮고, 읽고 난 후의 소회를 정리하며, 책을 책상머리에 놓아두었습니다.『시편사색』이 그리스도의 향기이자 편지로서 살아가려는 모든 그리스도인들에게 귀한 신앙의 선물이 되길 바라며, 향기와 깊이를 잃어버린 오늘 한국 그리스도교에 오래도록 널리 읽히기를 간절히 기도합니다.

2. 다석의 귀일신학에서 헤아리는 일상의 영성

이정배 지음, 『유영모의 귀일신학歸一神學
― 팬데믹 이후 시대를 위한 「다석강의」 다시 읽기』를 읽고

1. 이 책을 이야기한다는 것은 대단히 저어되는 일입니다. 제가 다석 유영모의 사상을 잘 알지 못하기에 글을 쓸 만한 적임자는 아니기 때문입니다. 신학대학 시절 김흥호 선생님의 강의 사이로 다석사상의 흔적을 조금 엿보고, 선생님이 풀이한 『제소리』를 일독한 후 『다석강의』를 읽은 정도에 불과함을 먼저 고백합니다.

2. 그러한 무지의 부끄러움을 안고 이 책을 읽었습니다. 그리고 책을 읽고 나서 조금은 그 무지를 면할 수 있어 감사했습니다(물론 부끄러움은 여전합니다. 다석사상에 대한 무지의 부끄러움과 책을 읽는 동안 겪은 스스로에 대한 부끄러움이 떠나지 않았습니다). 저는 저자의 『유영모의 귀일신학』을 읽고 나서야 다석사상의 핵심이 무엇인가를 알게 되었습니다. 그런데 왜 그동안 다석사상을 가까이 하지 못했을까 자문해보았습니다. 그것은 다름 아닌 다석의 한국어가 제게는 잘 읽히지 않았다는 사실에 있었습니다. 그의 한국어는 너무 어려웠습니다(물

론 저는 언어란 단순히 사상을 담는 그릇이 아니라고 봅니다. 자신의 사상에 가
장 어울리는 언어를 찾기 위해 다석이 노력했다고 생각합니다). 그런 까닭에
이 책을 읽는 동안 다석사상에 대한 오랜 목마름을 풀 수 있었습니다.
이는 저자가 다석의 난해한 한국어를 오늘의 언어로 풀어내며 다석
사상의 알짬을 신학과 종교의 영역을 넘어서 우리 시대의 문제의식
으로 읽어내었기 때문입니다. 저는 다석사상이 학문의 대상을 넘어,
사람의 속알(본성)에 대한 자각과 일상 속의 영성을 일깨우는 사상임
을 이 책을 통해 깊이 깨닫게 되었습니다.

3. 그래서 저는 "『다석강의』를 재독하며 학문연구의 대상으로서
만 아니라 다석이 붙들고 씨름해야 할 영성의 사람으로 다가왔던 까
닭"이라 집필의 뜻을 밝힌 저자의 말에 깊이 공명하지 않을 수 없었
습니다. 그동안 저자는『없이 계신 하느님, 덜 없는 인간』,『빈탕한
데 맞혀놀이 — 다석으로 세상을 읽다』를 통해 다석사상을 종교와
신학의 영역에서 지속적으로 연구해왔기에 이 책 역시 앞 두 책의
연속선상에서 읽힙니다. 하나 이 책은 이전의 책들과 성격이 사뭇 다
르기도 합니다. 저자가『다석강의』를 읽는 내내 "직업적 종교인(신학
자)이 아닌 신앙인, 구도자의 마음으로" "자신의 삶을 들여다보고 성
찰하기 위한 갈급한 상태에서" "자신을 위한 글쓰기"를 수행한 성찰
록이기도 한 까닭입니다.

4. 그래선지 저는 저자의 『유영모의 귀일신학』이 '팬데믹 이후 시대를 위한 『다석강의』 다시 읽기'라는 부제를 단 것에 크게 공감했습니다. 저자의 말처럼 오늘 우리도 우리의 삶을 들여다보고 성찰하기 위해 갈급해야 할 시대를 살고 있기 때문입니다. 오늘 우리는 세계보건기구WHO가 코로나19를 팬데믹으로 선언한 시대에 살게 되었습니다. 저는 책을 읽는 동안, 이러한 시대에 일상인으로서 다석을 읽는다는 것은 어떤 의미를 갖는 것일까, 왜 우리는 다석의 사상을 조명하고 읽어야 하는가를 묻게 되었습니다. 특히 자본주의 경제시스템 속에서 욕망의 극대화를 경험하는 오늘, 인간의 크기가 초라하기 이를 데 없이 작아져버린 시대, 다석사상이 우리 삶의 양식을 변화시키는 데에 어떤 사상과 실천의 모델을 제시할 수 있을까라는 물음을 갖게 되었습니다. 왜냐하면 정치 혁명보다 일상의 혁명이 힘들고, 몸에 밴 관행과 습관으로 사람만큼 바꾸기 힘든 존재가 없다는 것을 이즈음 더욱 실감하기 때문입니다(그런 때문일까요. 기질을 변화시켜 성인聖人되기를 공부의 목적으로 삼아 사람의 변화에 대한 믿음을 잃지 않고, 그 믿음을 삶으로 실천하고자 한 동양의 성현들이 자주 떠올랐습니다).

5. 이처럼 성찰이 갈급한 시대에 『다석강의』를 다시 읽어내고자 한 저자는 다석의 사상을 '귀일신학歸一神學'이라고 이름 지었습니다('귀일'은 저자의 표현대로 "모든 종교의 외형상, 현상적 차이가 있지만 진리는 하나뿐"이며 이는 "신중심적 다원주의라는 서구적 개념과는 거리가 멀다"는 것

그리고 "신이라는 실체를 말하지 않고 전체와 개체의 관계에 역점을" 둔 것이라는 점을 먼저 염두에 둘 필요가 있을 듯합니다). 저자는 이 책을 통해 오랜 다석사상 연구의 결정結晶을 '귀일신학'이라는 이름으로 곡진히 담아 놓았습니다.

6. 그렇다면 '귀일'이란 무슨 뜻일까요. 짧은 지면에 저자의 '귀일신학'을 온전히 설명하기에는 제 힘이 닿지 못하나, 저자가 '귀일'의 핵심은 '참나'를 찾는 데에 있다고 한 데서 뜻의 실마리를 찾아봅니다. 저자에 따르면 우주 생성의 근원인 '하나'는 본디 '나'와 다르지 않습니다. 본래 '하나'였기에 그 하나로 돌아가는 바를 일컬어 '귀일'이라 합니다. 여기서 "사람 속에 천지가 하나로 되기에(人中天地一) 사람(人)이 중요"한 것은 "본래적 하나가 인간 속에" 있기 때문이며 다석은 이를 인간의 '밑둥', '바탈'이라 하고, '하느님 아들'이라고도 표현했습니다(그리고 보면 저자가 말한 '신학'이 처음부터 이미 서구의 유신론적 신학 개념을 설정하지 않고 있다는 것을 짐작할 수 있을 듯합니다). 그렇다면 저자는 왜 '귀일신학'으로 다석사상을 독해하며 '귀일신학'의 뜻이 오늘 우리가 겪고 있는 팬데믹 이후 시대를 위해 필요하다고 여긴 것일까요?

7. 이런 물음 속에 저는 '생각하기 위해서' 이 땅에 왔다는 다석의 '염재신재念在神在', 즉 '생각이 있는 곳에 하느님이 있다'는 깨침을 전하

는 저자의 말에 귀를 기울이게 됩니다. 저자는 유학의 신독(愼獨)을 예로 들어 "어떤 시공간 속에서도 하느님이 함께 있다는 확신 하에 자기 삶을 성찰하는 이들을 양육해야 한다"고 합니다. 저자의 뜻에 기대어 관견을 적으면, 생각이 있는 곳에 하느님의 현존을 참으로 믿게 된다면 우리는 사람과 모든 존재를 함부로 대할 수 없고, 이 땅에 뿌리박되 매이지 않고 하늘을 바라며 살아갈 수 있는 것이 아닌가 합니다. '생각이 있는 곳에 하느님이 있다'는 믿음은 '본래적 하나' 즉 우리 안의 속알(영, 빛)을 깨닫는 것과 다르지 않는다고 여겨집니다 (팬데믹 이후 시대 우리에게 요청되는 삶과 세계관의 변화는 인간이란 '본래적 하나', 속알·영·빛을 품은 귀한 존재라는 것을 자각하는 데에서 시작되는 것이 아닐까 합니다).

8. 그러기에 저자는 종교로서의 기독교의 역할, 제도로서의 종교를 비판하며 '영성으로서의 종교'가 영원한 것이라고 합니다. 하느님의 있음과 인간의 영(속알, 빛)은 시공간에 매이지 않고 제도에 갇힐 수 없기 때문입니다. 따라서 저자는 오늘을 '일상의 종교화'가 시급한 실정이라고 역설합니다. 바로 이러한 현실인식이 담긴 본서는 다석사상을 귀일신학으로 해석하는 저자가 종교적, 영적 혼돈의 시대, 영적 삶의 실천이 절실한 코로나19 시대 이후를 사는 기독교인들과 종교인들에게 '새로운 규칙'을 제시하는 희망을 담고 있다고 하겠습니다.

114

9. 이제 책 속으로 좀 더 들어가보도록 하겠습니다. 책은 『다석강의』의 차례를 따라 모두 43장으로 이루어져 있습니다. 그런데 저자는 『다석강의』 전체 43강 중 첫 강의와 마지막 강의가 "모두 사생관, 죽음의 문제를 다루었다"는 것을 새로이 발견하고, "삶과 죽음은 배를 갈아타는 것일 뿐이다", "알몸이 아니라 얼맘으로 살라"로 되어 있음에 주목합니다. "종교란 결국 죽음의 문제를 극복하는 길"이라고 보기 때문입니다. 몸이 아니라 얼로 사는 삶, "죽음을 삶 속에서 초월(극복)하고 죽음을 새로운 시작이라고 말하는 것"이 다석의 부활사상임을 강조합니다. 어쩌면 첫 강의와 마지막 강의가 삶과 죽음의 문제를 다루었다는 것 그리고 죽음을 삶 속에서 초월하고 죽음을 새로운 시작이라고 한 데에 다석사상의 전체가 담겨 있지 않은가 합니다.

10. 그러나 저자는 좀 더 긴절하게 다석사상의 종교(신학)적 가치를 세 가지로 요약합니다. 첫째, 저자는 다석의 '없이 계신 이'를 신에 대한 동양적 이해의 표현으로 봅니다. '있음'으로서의 유신론적 표상이 아닌 '없이 있는' 대극의 일치를 다석에게서 발견할 수 있기 때문입니다. '없이 계신 이'는 '있음'과 '없음' 어느 쪽에도 붙들리지 않는 신神을 표현한 말입니다(저는 여기서 '신'을 '이름'과 '있음'에 가둔 종교인들의 폭력을 떠올리기도 했습니다). 둘째, 다석이 인간의 '밑둥'(바탈)으로서의 신이라는 맥락에서 인간 속에서 신적인 것을 찾은 것입니다. 다석은 '얼'의 차원에서 붓다와 예수 모두 본질상 같다는 주장을 합니

115

다. "자신의 내면의 빛으로 거룩한 존재가 될 수 있다"는 것이 다석의 지론인데, 저자에 따르면 이를 통해 다석은 대상적 믿음, 곧 대속론代贖論에 의존한 정통기독교로부터 벗어날 수 있었습니다(저자가 언급한, 대속이 아닌 자속自贖의 맥락에서 '동양적 기독교'의 뜻을 사유하게 하는 대목입니다). 셋째, 현실에서 인간은 자신의 내면의 빛을 제대로 살리지 못합니다. 그런 중에도 저자에 따르면 '제 뜻 버려 하늘 뜻 구한 존재들'인 이 땅의 성인들이 있습니다. '몸 줄여 마음 늘리는' 십자가의 길을 따라간 사람들이 있다는 것입니다(저자가 말한 바, '길을 가다 길이 된' 사람들이라 하겠습니다). 저자는 다석이 바로 "그 길을 예수의 방식대로 가고자 했을 뿐이다"라고 말합니다. 그러나 그 길은 예수가 '제 뜻을 버려 하늘 뜻'을 구했기에 그리스도가 되었듯이, 다른 누구도 아닌 우리가 그렇게 살아야 할 길임을 저자는 일깨우고 있습니다.

11. 이처럼 우리에게 삶의 전환을 요구하는 다석사상은 오늘 이 시대에 어떤 의미를 갖는 것일까요(물론 다석사상이 가진 의미를 이 시대에 한정하는 것은 아닙니다). 이 책에서 저자는 다석 사상이 오늘 우리 시대에 갖는 의미를 네 가지로 꼽습니다. 첫째, 다석사상에 담긴 인간에 대한 존재론적 각성입니다. 다석사상의 핵심은 "인간을 성인, 군자와 본질적으로 차이가 없는 선한 존재로" 보는 데에 있습니다. 본래 모두 차이가 없다는 것입니다. 사람은 누구나 예외 없이 '하늘이 부여한 본성(바탈)을 지닌' 귀한 존재이기 때문입니다. 둘째, 다석

사상에는 인간존재의 생태학적 각성을 통한 생태적 자아의 각성이 담겨 있습니다. 이는 다석이 얼만을 중시하지 않고 몸도 중시하며 일식一食과 단색斷色을 통해 탐진치貪瞋癡를 극복하고자 했기 때문입니다. 셋째, 다석사상에는 '행한 것만큼만 아는(믿은) 것이다-지행합일의 삶', '밖의 불을 끄고 자신의 빛을 따라 살라'는 실천수행이 강조되고 있습니다. 저자의 비판대로 "자신이 감당할 수 없는 말을 내뱉고 사는 종교인일수록" 제소리 없이 남의 말만 하며 살기에 몸과 마음이 따로 놉니다. 자신이 읽는 종교의 경전들이 제소리가 되는 과정을 겪지 않은 결과입니다. 넷째, 다석사상에는 문명비판적(생태적) 시각이 숨 쉬고 있습니다. 다석에 따르면 우리 몸은 탐진치의 훈습으로 길들여져 있습니다. 이에 맞서 다석은 일식을 행하며 '제 좀 줄여 마음 키우는' 삶으로 '세상을 구하는 십자가'의 뜻을 살아내고자 했습니다. 다석의 이러한 실천수행을 거듭 보여준 저자는 앞으로 인류의 미래는 '단순한 삶의 양식'에서 비롯될 것임을 우리에게 상기시키면서, 다석의 삶과 사상에 대한 재해석이 문명사적인 맥락에서 새롭게 재의미화되어야 한다고 제언합니다.

12. 앞에서도 비쳤듯 저자는 '귀일신학'으로 인식한 다석사상을 학문의 언어로 가두지 않고, 누구나 음미할 수 있는 말로 다석사상의 핵심을 자상하게 풀어놓았습니다. 특히 본서에는 다석사상의 고갱이를 모은 『다석강의』를 두고 저자가 오래도록 묵히고 삭힌 사색이

담겨 있습니다. 거짓 글은 사람을 잠시 속일 수 있지만 시간의 무게를 견디지 못하고 어느 순간 거짓임을 드러내고 맙니다. 그러나 참글은 시간을 견디며 우리의 삶과 영혼 속으로 깊이 들어와 숨을 쉬며 우리 삶에 변화를 가져올 것입니다. 오늘 우리는 참마음이 담긴 구도와 사색의 깊이를 경험하기 어려운 시대를 살아가고 있습니다. 본서가 다석사상을 학문적으로 연구하는 이들 뿐만 아니라 이 시대를 살아가는 모든 이들의 영적 자양이 되어 우리 안의 '속알'(빛)이 밝혀지길 간절히 바라며 이 땅에서 '영원'을 경험하고 지향하는 중요한 지남指南이 되길 기도합니다.

13. 마지막으로, 책 속에는 곱씹어 음미할 구절이 너무도 많은데, 그중 오늘의 한국 현실을 생각하니 더욱 절실하게 다가온 대목이 떠오릅니다. 사람에 대한 경외와 존중이 사라지고 존엄성이 훼손되는 시대입니다. 사람들이 사람들한테서 하느님의 형상과 서로의 속알을 들여다보지 못한 채 사람을 욕망의 대상으로 삼아 도구처럼 함부로 대하는 오늘, 다석의 '존신우애윤리유'(尊信友愛倫理由)를 풀어놓은 저자의 다음 말은 깊이 새겨 삶 속에 육화해야 할 고언이 아닐 수 없습니다.

사람에게 중요한 것이 우애, 형제 사랑이다. 우애는 하느님을 만난 경지이다. 살(色)끼리 만나지 않고 정신과 말씀이 하나 상태로 만난 까닭이다. 사람은 육체로 보아 짐승이지만 그 안에 하느님 씨(속알)가 내재되어 있다. 그래서 몸도 중요한 것이다. 다석이 '몸성히'를 강조한 것도 이런 연유에서다. 인간 속의 높은 곳, 그곳을 다석은 '존'(尊)이라 불렀다. 그렇기에 인간은 인격을 지녀야 옳다. 상대적인 나는 '격'(格)을 지닐 수 없다. 인간이 우애하는 한 비로소 정신적 존재가 될 수 있을 뿐이다. 인간(人)의 말(言) 바로 그것이 믿을 신(信)이다. 이것은 남을 높이기 위해서가 아니라 실은 자신을 높이는 길이다. 자신을 높은 곳에 둘 때 타자와의 관계도 깊어질 수 있기 때문이다. 성서는 '인간 속에 그리스도가 산다'고 말하며 인간 몸을 하느님 성전이라 했다. 다석은 이 말을 하느님의 씨앗이라고 달리 표현한 것이다. 이 씨앗의 생명력은 무궁무진하다. 결코 죽어 소멸되지 않는다. 이런 하느님 씨가 자신 속에서 싹트고 있다는 깨달음에서 종교가 비롯할 수 있다(「제38강 사랑-자신의 덕(곧이)으로 이웃을 이롭게 하라」, 415~416쪽).

강유원.『인문고전강의』. 서울: 라티오, 2010.

구상.『그분이 홀로서 가듯』. 서울: 홍성사, 1981.

김경탁 옮김. 『노자』. 서울: 명지대학교출판부, 1985.

김기석.『행복하십니까, 아니오 감사합니다』. 의왕: 꽃자리, 2013.

김영무.『산은 새소리마저 쌓아두지 않는구나』. 서울 : 창칙과비평시,1998.

김영민.『자본과 영혼』. 파주: 글항아리, 2019.

김인환 역해.『주역』. 서울: 고려대학교출판부, 2017.

김현경.『사람, 장소, 환대』. 서울: 문학과지성사, 2015.

나카야마 겐/전혜리 옮김.『현자와 목자』. 서울: 그린비, 2016.

두보/이영주 편역.『가난한 사귐의 노래』. 서울: 솔, 1988.

레오나르도 보프/이정배 옮김. 『오소서, 성령이여』. 서울: 한국기독교연구소, 2017.

리차드 호슬리/김준우 옮김.『예수와 제국』. 서울: 한국기독교연구소, 2004.

마커스 보그/김기석 옮김.『예수 새로 보기』. 서울: 한국신학연구소, 1997.

마커스 보그/김기석 · 정준화 옮김.『놀라움과 경외의 나날들』. 서울: 한국기독교연구소, 2020.

맹자/박경환 옮김.『맹자』. 서울: 홍익출판사, 2005.

박종채/박희병 옮김.『나의 아버지 박지원』. 파주: 돌베개, 1998.

박희병.『한국의 생태사상』. 파주: 돌베개, 1999.

백석/고형진 엮음.『정본 백석시집』. 서울: 문학동네, 2007.

빌리발트 뵈젠/황현숙 옮김. 『예수시대의 갈릴래아』. 서울: 한국신학연구소, 1998.

빅터 브롬버트/이민주 옮김.『유한성에 관한 사유들』. 서울: 사람의무늬, 2015.

서경덕/황광욱 역주.『국역 화담집』. 서울: 심산, 2004.

성백효 역주. 개정판『현토완역 맹자집주』. 서울: 전통문화연구회, 2005.

성현영/최진석·정지욱 옮김.『노자의소(老子義疏)』. 서울: 소나무, 2007.

송용구.『나무여, 너의 안부를 묻는다』. 서울: 평단문화사, 2018.

시오도어 젤딘/문희경 옮김.『인생의 발견』. 서울: 어크로스, 2016.

아비샤이 마갈릿/신성림 옮김.『품위 있는 사회』. 서울: 동녘, 2008.

엔도 슈사쿠/이평아 옮김.『예수의 생애』. 서울: 가톨릭출판사, 2003.

여정덕 편/허탁·이요성·이승준 역주.『주자어류(朱子語類)』3. 성남: 청계, 1998.

왕양명/정인재·한정길 옮김.『전습록(傳習錄)』1, 2. 성남: 청계, 2001.

원황/김지수 옮김.『운명을 뛰어넘는 길(了凡四訓)』. 서울: 불광출판사, 2000.

이병주.『두보-시와 삶』. 서울: 민음사, 1993.

이시헌.『비탈지지 않은 평지는 없다 - 주역 쉽게 읽기』. 서울: 문사철. 2011.

이정배.『유영모(柳永模)의 귀일신학(歸一神學) - 팬데믹 이후 시대를 위한『다
    석강의』다시 읽기』. 서울: 밀알북스, 2020.

이지훈.『존재의 미학』. 서울: 이학사, 2008.

이황/김대중 옮김.『도산에 사는 즐거움』. 파주: 돌베개, 2008.

임창순 역해.『당시정해(唐詩精解)』. 서울: 소나무, 1999.

장 폴 사르트르/김희영 옮김.『구토 外』. 서울: 학원사, 1986.

장주/안병주·전호근·김형석 역주.『장자』1. 서울: 전통문화연구원, 2002.

제롬 카르코피노/류재화 옮김.『고대 로마의 일상생활』. 서울: 우물이 있는 집,
    2003.

조현철. "생태신학의 이해."『신학과 철학』. 서울: 서강대학교출판부, 2006.

주희/장세후 옮김.『주자시 백선』. 서울: 연암서가, 2013.

주희 엮음/김미영 옮김.『대학중용』. 서울: 홍익출판사, 1999.

최진석 옮김.『노자의 목소리로 듣는 도덕경』. 서울: 소나무, 2001.

톨스토이/박은정 옮김.『이반 일리치의 죽음』. 서울: 펭귄코리아클래식, 2009.

플라톤/박종현 옮김.『파이돈』. 서울: 서광사, 2003.

함석헌.『펜들 힐의 명상』. 파주: 한길사. 2009.

홍석주/김학목 역주.『정로』(訂老). 서울: 예문서원, 2001.

황견 엮음/이장우 · 우재호 · 박세욱 옮김, 『고문진보후집』. 서울: 을유문화사, 2007).

唐大潮 等 注譯.『勸善書註譯』. 北京: 中國社會科學出版社, 2004.

福永光司.『老子』上. 東京: 朝日新聞社, 1978, 1998 5쇄.

張載.『張載集』. 北京: 中華書局, 2006.

朱熹 撰.『四書章句集注』. 北京: 中華書局, 2005.